# 社会保障入門

橘木俊詔 著

ミネルヴァ書房

# はしがき

　高齢者の総所得のうち年金の占める比率が100％という人が，高齢者全体数の50％を超えている。高齢者は年金支給だけで生活している人が半分以上なのである。年金がとても重要な所得のソースであれば，人々は年金などの社会保障への関心が高くなる。

　ところが，2019（令和元）年に金融庁が老後の生活を安心して送るには2,000万円の貯蓄が必要である，という報告書を出して，国民の多くに年金だけでは老後の生活を送れないのか，という不安を与えてしまった。公的年金のみならず，医療保険，介護保険も高齢者の所得と生活に直接影響を与えるので，ぜひ知っておきたい事柄である。

　本書はこういった年金，医療，介護にとどまらず福祉全体，社会保障全体を知るための入門書として書かれたものである。他にどんな事柄が含まれているかといえば，企業年金，失業保険（日本では雇用保険と称されている），生活保護といった制度である。

　これらは従来からよく取り上げられた制度であるが，本書では新しく子育て支援策，労働災害，障害者福祉といったことにも注目した。これらは必ずしも高齢者用の制度ではなく，若年・中年層を対象にした福祉制度でもあるので，本書は全年齢層を対象にした社会保障入門書とみなしてよい。

　なぜ社会では福祉の提供が必要なのか，から始めて，それになぜ

公共部門が携わるようになったかを歴史的な視点のみならず，哲学・倫理学の視点からも議論する。すなわち福祉の提供には，本人，家族，企業，地域などが関与できるが，なぜ公共部門が登場してきて，かつその役割が大きくなったのかを，わかりやすく叙述するものである。

　本書の特色をいくつか述べておこう。第1に，経済の理論を用いて各制度が理論との整合性が保たれているかを吟味する。その際にその理論をわかりやすく解説するのは当然である。第2に，世界の社会保障制度（特に社会保障制度の発生起源を持ち，かつそれを発展させてきた欧米諸国）との比較を行って，日本の制度の特色を浮き彫りにする。第3に，日本の諸制度についても，設立当初から現在までどう変化してきたかを歴史的に辿り，なぜ変化してきたかを知ることができるようにする。第4に，社会保障制度の現状を，年金，医療，介護といった各部門別に詳しく検証して，現時点でどこに課題が存在し，どういう政策が望まれるかを明解に論じることにする。本書を読み終えてから，読者諸氏がどのような制度改革をすればよいかを，自分で判断できるような資料になればと願っている。もとより著者自身による改革案をも提言しているが，それをすべての人に強要する意図は毛頭ない。

　本書によって，なぜこの社会に福祉の提供が期待され，政府がこれになぜコミットせねばならないかが理解できれば本書の目的はかなり達成されたといえる。そして各制度の現状が理解できて，制度の持つメリットとデメリットがどこにあるかを読者が感得できれば，本書の目的は120％達成されたといってよい。記述に際しては「わかりやすさ」を第一義にしたので，本書を入門書と銘打っている。

はしがき

大学の福祉論，社会保障論の入門用の教科書として用いてもよいし，一般の方々が入門知識を得るための書物と考えてもよい。いかなる経済学，社会学，福祉学の知識がなくとも読みこなせるような配慮をしたつもりである。

　出版に際しては，ミネルヴァ書房の堀川健太郎氏の支援が大変役立った。お礼を申し上げたい。ただし本書に残っているかもしれない誤りや，わかりにくさがあれば，それはすべて著者の責任である。

　　2019年9月

橘木俊詔

社会保障入門

**目　次**

はしがき

序　章　社会保障とは，福祉とは ……………………… 1

　　1　社会保障とは何かを考える ……………………… 3
　　　　社会保障と福祉　　福祉とは何か　　誰が担うのか

　　2　社会保障の担い手 ……………………………… 5
　　　　企業と非営利企業による社会保障　　社会による社
　　　　会保障　　本人による社会保障　　家族による社会
　　　　保障　　企業による社会保障のこれから　　欧米，
　　　　北欧などの社会保障

第 1 章　歴史から学ぶ社会保障 ………………………… 13

　　1　欧米諸国における社会保障の歴史 …………… 15
　　　　イギリスの救貧法　　ベヴァリッジ報告　　アメと
　　　　ムチのドイツ宰相・ビスマルク　　北欧諸国の社会
　　　　保障　　アメリカの社会保障

　　2　日本の社会保障の歴史 ………………………… 25
　　　　日本の福祉制度はほとんど存在していなかった
　　　　明治・大正の社会保障　　昭和前期の社会保障
　　　　戦後の歴史

第 2 章　セーフティネットと保険の機能 ……………… 33

　　1　セーフティネットとモラルハザード，
　　　　そしてナショナルミニマム ………………… 35
　　　　セーフティネットとは何か　　セーフティネットの

目　次

　　　　功罪　　「ナショナルミニマム」という言葉

　2　保険制度と逆選択…………………………………………40

　　　　保険制度とは何か　　逆選択について考える
　　　　もう1つの問題モラルハザード

# 第3章　公的年金制度………………………………………45

　1　自助努力型から公的制度へ………………………………47

　　　　公的年金とは何か　　2つの経済モデル　　2つの
　　　　モデルの限界と対策

　2　日本の公的年金制度………………………………………53

　　　　日本の年金制度のあらまし　　世代間不公平論
　　　　公的年金制度改革案　　重要な政策課題

# 第4章　企業年金制度………………………………………67

　1　企業年金制度とは何か……………………………………69

　　　　企業年金制度のあらまし　　企業年金制度の類型

　2　企業年金制度の今後………………………………………74

　　　　企業年金制度の課題　　企業年金制度の総合評価

# 第5章　医療保険制度………………………………………79

　1　医療保険制度の存立理由と特色…………………………81

　　　　医療保険制度とは何か　　医療保険制度の特色
　　　　医療保険における逆選択　　モラルハザード

　2　わが国の医療保険制度の特色……………………………89

　　　　わが国の医療保険制度　　乱立する医療保険制度

vii

## 第6章　介護保険制度 97

### 1　介護保険制度とは何か 99

介護するということ　どこで誰の介護を受けるの
か　介護保険制度の登場とその現状

### 2　介護保険制度をよりよくするために 106

介護制度の改革案　介護保険と医療保険の統合を
議論してもよい

## 第7章　雇用保険制度 111

### 1　日本の雇用保険制度と失業給付 113

雇用保険制度とは何か　失業給付の現状

### 2　他の先進国との比較と経済効果 118

デンマーク・フランス・ドイツ・スウェーデン
失業保険制度の経済効果

## 第8章　生活保護制度 125

### 1　貧困問題の深刻さ 127

貧困とは何か　最近の日本における貧困率
貧困者の増加した理由　誰が貧困者なのか
今後をどう予想するか

### 2　生活保護制度は必要か 140

貧困者の増加と生活保護制度　保護制度の実際上
の課題

### 3　貧困者をなくすためには 148

公的年金制度の充実　最低賃金制度の充実

目　次

非効率企業の退場を　　給付付き税額控除策
ベーシックインカムの経済思想

# 第9章　子育て支援制度……………………………………159

**1** 出生率の低下の中で…………………………………161

なぜ子育て支援策か　　児童手当とは何か

**2** 子育てにかかる費用…………………………………166

人の一生にかかる教育費用はいくらか　　学校外教
育の効果が大　　保育園・幼稚園の費用　　幼保無
償化策の評価

# 第10章　労働災害保険・自然災害保険・

障害者福祉制度………………………………181

**1** 労働災害や自然災害に備える………………………183

労働災害保険とは何か　　過労死・セクハラ・パワ
ハラ　　自然災害に対してのセーフティネット

**2** 障害者福祉を考える…………………………………187

障害者福祉とは何か　　障害者雇用の現状と課題

# 第11章　望ましい社会保障制度のあり方…………191

**1** 日本の社会保障をどう捉えるか……………………193

日本の現状を国際比較する　　日本は福祉国家へと
向かうべきか

**2** ロールズとウォルツァーの議論……………………200

普遍主義・自由主義　対　選別主義・共同体主義

ix

自由主義・普遍主義に立脚した北欧型へ

参考文献……207
索　　引……211

## 序　章
# 社会保障とは，福祉とは

序　章　社会保障とは，福祉とは

# 1　社会保障とは何かを考える

## 社会保障と福祉

　社会保障とは，国家なり地方公共団体なりの政府が制度（例えば年金，医療など）を企画，運営して，国民の福祉の向上に寄与することを目的としている。福祉とは，元々は幸福を意味する言葉であったが，国民が最低限の幸福を感じるような生活の安定に寄与する言葉となった。

　こう考えると社会保障制度は国民の福祉を確実に保障する制度ということになる。もとより福祉の全部を政府が担うことはできず，本人・家族・企業・友人などが役割を果たすこともある。日本では歴史的には家族と企業の役割が大きかったが，いろいろと問題が生じたので政府が福祉の提供に参入したのである。

　そこで本書では政府の行う福祉の提供の現状を詳しく検討する。そこでは好ましい効果と好ましくない効果とが混在するので，そのことを検討する。さらに，福祉には財源が必要なので国民は税・社会保険料の負担をせねばならず，運営が効率的かつ公平に行われているかに注意を払うとともに，国民の福祉に寄与しているかを評価する。

## 福祉とは何か

　まず「福祉とは何か」を考えたいと思う。福祉とは，「人間社会において弱い立場にいる人や，競争に負けて困っている人を助け

3

る」，という意味がある。あるいは「不確実性のある将来の現象に備えて準備をしておく制度」と理解してもよいだろう。これが人々の幸福感につながるからである。具体的にどのようなことをしているかを以下に述べておこう。①働き場所や，あるいは所得のない人（代表的には失業中の人が相当する），②働くことのできない年齢に達した人（そして年齢の低い子どもと勉学中の人がその代表である），③働くことのできない人（特に身体的・精神的にハンディのある人は働かないか働くことができない），④病気になった人や障害をもつ人，⑤寝たきりなどで介護が必要な人，⑥所得があったとしてもそれの少ない人，⑦子育てに苦労している人，⑧住むところに困っている人である。

　**誰が担うのか**

　このような境遇に遭遇した人に福祉の提供がなされると考えてよい。これらは予想外で不確実性を持ったそれらの現象が発生して困っている人，（ただし，予想できる事象も含まれる，代表例は高年齢になること）いわゆる弱い立場にいる人である。社会福祉，あるいは社会保障という言葉には，予想外に起こることに対して福祉の提供を社会で行うという意味が込められている。福祉の提供には社会以外にも担い手がいるので，そのことを考えておこう。

　では福祉の担い手として社会を含めて誰が存在するのか，他にどのような人がいるのか，列挙すると次のようになる。①本人，②家族，③企業，④非営利企業，⑤社会の5つである。

序　章　社会保障とは，福祉とは

## 2　社会保障の担い手

### 企業と非営利企業による社会保障

　本人と家族はわかりやすいが，企業，非営利企業，そして社会については説明がいる。企業が福祉の提供者というのには次の３つの意味がある。第１は，国家の企画・運営する社会保険制度（年金，医療，介護，失業，労働災害）の保険料負担を，働き手である本人のみならず事業主も同時に負担していることで理解できる。社会保険料の事業主負担分と称されるものである。日本であれば，年金，医療，介護などの保険制度では保険料の50％，労働災害保険では100％が企業の負担である。

　なおこれらの財政負担には保険料収入に加えて，税収が投入されている制度が結構あることを知っておこう。例えば日本の年金制度における一階部分である基礎年金制度では，給付額のうち国庫負担分（すなわち税収）は半分に達しているし，医療や介護の給付にもかなりの程度の税収が充てられている。福祉財源を保険料に求めるか，それとも税に求めるかは１つの論点であり，大切なことなので後述する。

　第２は，企業が病院や診療所を持っていて，社員を優先的に診療するとか，企業年金制度の運営にあたるのも福祉である。また社宅，社員寮，保養所を持っていて，社員に利用してもらうのも福祉の一種である。さらに社員のスポーツや文化活動にコミットするのも福祉とみなす考え方もある。これらの項目については，費用を全額企

5

業が負担するとか，一部を負担する場合，あるいは全額を社員の負担にする場合もある。

第3に，企業自体が福祉の提供者となる場合である。病院，高齢者施設，幼稚園・保育園などは，直接に福祉の提供を行うのである。この場合には営利企業と非営利企業の差が重要で，非営利企業（NPO）とは，企業のような組織ではあるが，利潤追求の目的を有しない点に特色がある。福祉の分野ではかなり重要である。

### 社会による社会保障

社会が担い手となっているとき，既に列挙した8つの事象なり現象に対してどのような制度が政府（中央，地方）によって準備されているかを述べておこう。①失業保険制度（わが国では雇用保険制度と称されている），②引退した高齢者には年金保険制度，③医療扶助を含む生活保護制度，④健康保険制度，⑤介護保険制度，⑥生活扶助という生活保護制度（これは働けない人にも支給される），⑦子ども手当（日本では児童手当と称される）と奨学金を含んだ教育補助金，⑧住宅手当や公共住宅施設の提供である。

これらの制度の多くは，保険制度であることに気が付く。保険制度とは，不確実に発生する様々な事象（例えば失業や病気・要介護など）と，将来に発生するだろうとあらかじめ予想できる事象（例えば労働からの引退）に備えての制度である。これらは政府が企画・運営するので社会保険と称されているが，その保険料負担は加入者（本人）があらかじめ給付の発生する前に行っているのである。

なぜこれらの私的保障の性格が強い制度を政府が企画・運営するのかを問えば，次の3つが非常に重要な回答である。第1に，これ

らのリスク管理を個人に任せてしまえば，必ず準備をしない人が出てきて，それらの人は発生する事象に対処できずに大変な不幸，例えば貧困に陥ったり死亡することがある。それを避けるため，公共部門が企画・運営して，国民を強制的に参加させるのである。

　第2に，たとえ発生に備えて保険制度に加入した人がいても，本人の所得が低くて保険料を払えない人も世の中には存在する。あるいは保険料負担が少なくて，充分な保険給付を受けられない人もいる。そういう人が不幸にならないようにあらかじめの手当てが必要である。

　第3に，世の中は災害が多いし，事故や病気にも遭遇するし，企業倒産もありうるので，人々は常に人生上で不安を感じるものである。不安を最小にするために，公共部門が率先して不確実性に備えた制度を用意するのである。不安をどれだけ感じるかの程度は個人によって異なるので，公共部門は最低限あるいはそれに近い水準の提供でよく，それ以上の不安を感じる人や高い保障を求める人は，民間の提供する各種の保険に加入するとか，自己で私的に貯蓄して備えればよい，という考え方におおよその社会的な合意がある。従って，公共部門の企画・運営する保険制度はそれほど大規模ではない。むしろ最低限の保障論としての公共部門への役割期待と考えてよい。

　大規模にしないもう1つの理由は，福祉が充実し過ぎると人々が福祉に頼り切って怠惰になるとか，福祉にタダ乗りしようとする人がいることである。さらに私企業を中心にした経済の運営にとって税や保険料の負担が大きくなって，企業投資へのマイナス効果がある，といった負の側面に配慮したからである。似たことは労働者に

表序 - 1　年齢別に

|  | 子ども | 配偶者 | 孫 | 子どもの配偶者 | 親 | 祖父母 |
|---|---|---|---|---|---|---|
| 全　体 | 97.1 | 96.3 | 84.7 | 81.5 | 76.0 | 59.5 |
| 28〜37歳 | 99.4 | 95.4 | a | a | 83.8 | 54.7 |
| 38〜47歳 | 99.8 | 95.2 | b | b | 73.2 | 61.6 |
| 48〜57歳 | 98.1 | 96.4 | 86.2 | 83.0 | 72.7 | 69.5 |
| 58〜67歳 | 94.5 | 96.8 | 82.9 | 79.7 | 67.6 | 64.9 |
| 68〜77歳 | 94.0 | 98.5 | 85.8 | 82.8 | 58.5 | b |

注１：家族認知率＝（各カテゴリーで「家族の一員」とみなす親族がいる者÷当該
　　２：「親」「配偶者の親」はいずれも，少なくとも父母いずれかの保有と家族認知。
　　３：空欄ａは非該当（保有者なし），同ｂは非該当扱い（保有者50名未満）。
出所：藤見・西野（2004）。

とっても，税や保険料の負担が大きくなると労働供給にマイナス効果を与えるという危惧があって，経済効率への阻害効果がある。

### 本人による社会保障

　社会が福祉の担い手として登場する以前の時代では，冒頭で列挙した様々な事象に対応したのは，本人と家族であった。近所に住む人が担い手になることもあったが，その役割はかなり限定されていたので，ここでは本人と家族を論じる。

　本人とは，正に自分のことであって，発生する不幸への対処や不確実性に備えるには，本人が責任を持ってそれに対処するということに尽きる。なぜ本人が重要であるかは，次の2点で説明できる。第1に，世の中には家族を持たない人が必ず存在する。わが国においても橘木（2017a）の指摘するように，近い将来には生涯未婚率（一度も結婚しない人）が20％を超えると予想されており，頼りは本人だけという人々がかなりの数に達している。第2に，家族がいる

序　章　社会保障とは，福祉とは

見た家族認知率

（単位：%）

| 配偶者の親 | きょうだい | きょうだいの配偶者 | 配偶者のきょうだい | 甥・姪 | おじ・おば |
|---|---|---|---|---|---|
| 59.4 | 46.3 | 34.9 | 31.7 | 30.4 | 22.2 |
| 64.5 | 67.5 | 48.1 | 42.2 | 45.6 | 24.9 |
| 58.1 | 46.8 | 38.6 | 33.2 | 36.7 | 23.8 |
| 59.0 | 44.5 | 35.6 | 33.0 | 31.1 | 21.4 |
| 53.3 | 35.7 | 26.1 | 24.8 | 20.1 | 17.9 |
| 47.7 | 34.1 | 26.9 | 25.8 | 20.1 | 16.6 |

カテゴリーの親族を持つ者）×100.

人であっても配偶者を亡くしたとか，離婚率の増加によって離婚後に単身で住む人の数が増加している。配偶者を亡くしたとか，離婚した人には子どもがいる場合があるので，家族がいると解釈できる。ただし全般的に家族の絆が弱まっている日本の現状を認識すれば，これらの人も単身者に近い立場になっているとも解釈できる。

　本人が福祉の担い手ということは，自分で社会保険に加入せねばならないことを意味する。ところで日常生活上での活動，例えば動く，食べる，排泄する等には，誰かの助けが必要なときがある。それを1人でできない人では，単身の場合には他人に頼まなければならず，それらのサービスをしてくれる人への財政支出に備えて私的な貯蓄が必要となる。

　もう1つ単身者の遭遇する悩みは，1人で住むこと，あるいは他人との接触のさほどないさびしさを，どう解決するかである。この問題は現今では無視できない深刻な心理的な問題ではあるが，福祉の領域から乖離した話題なので，ここでは言及だけにとどめて論じ

9

ないでおく。

## 家族による社会保障

　福祉の担い手として次は家族である。政府による社会保障制度の始まる以前においては，どの国もそれは家族の役割であった。産業革命以前のヨーロッパでもそうであったし，自立（すなわち本人）の精神に期待するアメリカにおいても，第2次世界大戦以前では家族がかなり重要な担い手であった。日本においてはこの伝統はさらに強く，戦前の時代は当然としても戦後も1970年代まではそれが続いた。しかし1973（昭和48）年の「福祉元年」が象徴するように，ある程度社会保障制度が発展したので，福祉における家族の役割の後退が始まったのである。

　筆者の解釈は，社会による福祉が充実したから家族の役割が後退したのではなく，むしろ因果関係は逆にあると判断している。この時代より以前は意図的にせよ非意図的にせよ家族の絆が強かったが，それが徐々に弱まり始め，社会が福祉の提供に出てこざるをえなくなったのである。家族の絆の象徴は，祖父母と父母，そして子どもが同居する「三世代同居」であったが，それが徐々に減少して現在ではかなりの少数派である。年老いた親の生活，親が病気になったときの看護，要介護になったときの介護は，成人した子どもの役割という規範が日本にはあったが，それが崩れたのが「三世代同居」の減少に象徴される。

　他の要因も指摘できる。すなわち，親子間で経済的な独立心が強くなったとか，家族の迷惑になるのでできれば家族の世話になりたくないとの老親の希望が強くなったとか，女性（妻）の働く比率が

高まったので家族の中で福祉の担い手だった妻がそれに従事できなくなった，あるいは老親の世話を避けたいという子どもの希望の高まり，といった事情も家族の絆が弱くなった理由として忘れてはならない。さらに最近になってから，子ども虐待，老親の遺棄，夫婦喧嘩の横行など，家族間の争いが絶えない時代になっていることも，家族の絆の弱まりの証拠である。

### 企業による社会保障のこれから

これまでの日本であれば企業が社宅，保養所，企業年金，病院などの提供によって，企業（特に大企業）が福祉の担い手として一定の役割を果たしていた。これを非法定福利厚生と呼ぶ。なお法定福利厚生とは，法律の定めによって，年金，医療，介護などの社会保険料の半分を企業が負担するという取り決めである。しかし日本経済が低成長時代に入り，企業は福祉にまで手のまわらない時代になっている。現実に企業は福祉から撤退しつつあるので，今後を予想すれば企業福祉の役割はますます小さくなるであろう。従ってここでは企業福祉については多くを語らないことにする。関心のある方は橘木（2005a）を参照されたい。

### 欧米，北欧などの社会保障

福祉の担い手として第3の主体となるのは，国家ないし地方政府という公共部門である。ヨーロッパは福祉国家の典型として国家の役割は日本やアメリカより大きいが，国によって様々な形態があることを述べておこう。まず福祉の規模として，①高福祉・高負担のオランダを含めたスウェーデン，デンマーク，フィンランドのよう

な北欧型，②中福祉・中負担のドイツ，フランス，イギリスのような中欧型，③低福祉・低負担のイタリア，ギリシャ，スペインなどの南欧型に区分できる。福祉提供の水準と負担の大小によってこのように三分類されるが，たとえ低福祉・低負担の国であっても，日本やアメリカよりも政府による福祉提供の規模は大きいことに改めて留意したい。ヨーロッパという福祉国家の中における相対的な区分にすぎないのである。

　筆者個人の希望は北欧型の福祉国家になることにあるが，日本人は税金嫌いで象徴されるように，高負担を嫌がる国民である。さらに，福祉が充実し過ぎることよりもアメリカ型の自立主義を好む人が結構多いので，高福祉・高負担の国を目指すのは困難と思われる。しかし家族の絆が弱まっているのであるから，福祉を充実しないと国民は不安のドン底に追い込まれるので，ドイツ，フランス，イギリスのような中福祉・中負担水準の福祉国家を目指すのが現実的な選択肢と思われる。

　筆者はおよそ20年前に社会保障に関して自説を展開した（橘木〔2000，2002，2005b〕参照）。同じ著者だけに骨子に共通な部分もあるが，そのときは基礎年金の全額税方式の提言と，医療の分野に関してはイギリス・NHS型の全額税方式は考慮に値するという，やや急進的な主張をした。賛否両論ではあったが，1つの問題提起ではあった。それらの方式を理想と考えているが，日本は保険料方式を基調にして発展してきたので，徐々に税方式に変換する方法しかありえないことはよくわかっている。

# 第1章
## 歴史から学ぶ社会保障

第1章　歴史から学ぶ社会保障

# 1　欧米諸国における社会保障の歴史

## イギリスの救貧法

　現代国家における福祉，社会保障の基礎をつくったのは，福祉の世界におけるバイブル（聖典）と呼ばれるほど評価の高いイギリスの『ベヴァリッジ報告書』である。さらにイギリスは，「ゆりかごから墓場まで」という言葉で有名なので，まずはイギリスから始める。

　イギリスの社会福祉に関しては救貧法がもっとも古い。救貧法というのはなんと1010年に起源を持つ法律なので，実に1,000年以上の歴史を持つ。他のヨーロッパ諸国に先立ってイギリスが最初にこの法律をつくったので，イギリスは貧困者の救済という福祉政策にどの国にも先駆けて取り組んだという歴史を有する国なのである。イギリス救貧法に関する歴史的な包括的研究は，大沢（1986）が有用である。

　救貧法は別に明文で示された法律ではなく，国王の命令みたいなもので，教会が徴税する資金を財源にして，貧民に給付するという定めが実態であった。これにはキリスト教の博愛の精神の発露は当然あったろうが，他のヨーロッパ諸国もキリスト教国家だったところに，イギリスで最初に救貧対策の発生したことに価値がある。

　有名なエリザベス救貧法の制定が1572年にあり，1601年にはそれの全面改定があって，この改定が現今の救貧法にまでつながる基本法とみなせる。この法律の特色は，①教区ごとに課税してそれを財

15

源にして，働くことのできない「労働無能力者」を救済する義務がある。②働くことのできる「労働能力のある貧民」はできるだけ働くようにする。そこには強制労働もあった。③「労働無能力者」の親族には扶養義務があるとした。この3つの特色は，現代の福祉を考える際にも重要な論点となっていることを強調したい。具体的には，本当に働けない人だけに支給すべし，働くことのできる人には強制労働もあるべし，社会が支援する前に，まずは親族による支援を求めよ，ということになる。この精神は現代でも通じていると理解してほしい。

　イギリスの救貧法の歴史において，重要な事実がある。それはワークハウス（勤労場，あるいは懲役場）での強制労働である。労働可能者に対しての救済措置の実行には「劣等処遇原則——すなわち被救助者が最下級の働く独立労働者と同等以上の処遇を受けてはならないこと」という原則がある。

　その後貧困者がワークハウスに収容できないほどの数に増加し，何らかの措置が必要となった。1つの方法はワークハウスを増設することであったが，その政策は費用が掛かり過ぎて十分に機能せず，増加する貧困者を救済するための法律が，1795年のヤング法律に基づくスピーナムランド制である。この制度は1834年の新救貧法の制度まで効力を有したのである。低い賃金労働に対して賃金補助を支給する政策がスピーナムランド制である。

　最低限生きていくだけの賃金を受領する権利があるということを公に認めるようになったのであり，このスピーナムランド制は今日でいう最低賃金制度の萌芽とみなしてよいのではないだろうか。1795年が最低賃金制度のスタートと解釈できるというのが筆者の見

第1章　歴史から学ぶ社会保障

方である。

　もう１つのスピーナムランド制の持つ意義は，国民の最低必要生活費という，現代でいえば最低限で生活できるという貧困線の算定を行って，それ以下の所得しかない人には公的扶助（日本では生活保護制度）を支給するという貧困救済制度の萌芽とみなすことが可能である。

　しかしスピーナムランド制は，働くことを意図的に避けるといったように，人を怠惰にするので好ましくないとの批判が高まり，1834年の救貧法の改定により，保護の程度をかなり弱めるといったように，大幅に後退する。これは現代でも生活保護制度は人々を怠惰にするので好ましくないという批判と同じものであることを理解してほしい。福祉が充実すると人々はそれにタダ乗りしようとするとの批判はこの時代からあったのである。200年前の話題が今まで続いているので，感銘すら受けるものである。

### ベヴァリッジ報告

　救貧法についでイギリスが今日の福祉，社会保障の先駆けとして存在するもう１つの理由は『ベヴァリッジ報告書』である。この報告書は第２次世界大戦中の1941年に，時の首相であったウィンストン・チャーチルが保守党政権のときに，官僚であったベヴァリッジを座長にして，国民にどのような福祉の提供と社会保障制度を創設したらよいかを諮問した委員会の報告書である。1942年に出版されたが，イギリスにおいては戦後に政権についた労働党政府がこの報告書の実施を忠実に行ったし，他の先進国にも福祉の聖典として多大な影響を与えたものとして，歴史的価値を有する報告書である。

17

ここで報告書の骨子だけを簡単に述べておこう。

　第1に，報告書は福祉のあり方，そして社会保障制度の基本形を示したものであるが，その基本思想は「ナショナルミニマム」を思想の中心においていることである。国民すべてに最低限の生活保障を実行することは国家の義務であるという思想を明確にしている。当然のことながら，この思想に対しては自由主義・保守主義の立場から，後に「報告書」への批判として沸騰する。福祉が充実しすぎると，人は怠惰になり勝ちとか，企業投資に弱気になるとかで，経済活性化にマイナスとの批判である。

　第2に，失業保険，年金保険などの社会保険制度は，定額保険料・定額給付，あるいは均一拠出・均一給付が原則とされた。すなわち，1人に対して定額の年金・医療給付をするのであり，従って保険料も定額の徴収となる。イギリスは長い間この原則を続けたのであり，ドイツなどの比例拠出・比例給付との違いは大きい。ドイツでは所得の一定割合を保険料として徴収して，給付も所得の一定割合で決めるのである。

　この均一拠出・均一給付の原則は，確かにナショナルミニマムの確保に役立つが，ナショナルミニマム以上の保障までは政府はコミットしない，という主張につながるのである。それ以上の保障を求める人は強制の均一拠出・均一給付の保険部分に加えて，希望者が自由に加入できる任意の保険を設けるようにと述べている。高い負担をいとわず，かつ高い給付を求める人には，任意の保険が二段階目として提唱されたのである。

　第3に，保険料を払えない人，あるいは働けない人については，貧困に陥らないように税金を財源にして国民扶助，あるいは社会扶

18

助として所得保障を行うことを宣言した。この制度はイギリスで長い間存在した救貧法による公的扶助に代わって導入されたとみなしてよい。

第4に，15歳ないし16歳以下の児童に対して，児童手当が支給されることとなった。家族の人数が多いと貧困になる可能性が高いので，こういう家庭への経済支援を始めたのは画期的である。後にこの児童手当（子ども手当）は多くの国で採用されるようになるので，『ベヴァリッジ報告書』は先駆的な役割を果たしたのである。

第5に，医療に関しては保険料の徴収ではなく，税金を財源にして一定額の医療給付制度を設けた。現在の NHS（国民保健サービス）制度の起源はここにある。他の先進国の多くは医療に関しては保険制度で運営しているが，イギリスを筆頭にして他には例えばイタリア・デンマークなどが，税金を財源にしているユニークさがある。


### アメとムチのドイツ宰相・ビスマルク

ドイツを論じる前に，ヨーロッパではどの福祉制度をどの国が何年に導入したかを表1−1によって確認しておこう。ドイツが労働災害，健康，年金において最初であることがわかる。失業はフランス，家族手当はオーストリアが最初となっている。これらをまとめると，ドイツが多くの福祉制度において，先駆者の地位にあるといえる。他の国に注目すれば，デンマークなど比較的早い段階で導入されている。なおこの表には貧困者手当がないので，イギリスが第1位と記されていないことに留意したい。さらに，イギリスは他の制度においてはこの表にあらわれていないので，貧困救済以外の制度に関しては，比較的遅い導入なのである。

ビスマルク（Otto von Bismarck：1815〜1898）は1871年にドイツ帝国の下で宰相になった。鉄血宰相として戦争で活躍したビスマルクであったが，福祉の面でも貢献があった。

　18世紀から19世紀にかけて世界で最初の産業革命を起こしたイギリスは，資本主義が発展して世界に冠たる大英帝国へと向かった。産業革命は後にドイツやフランスにも波及し。19世紀の半ばにはそれを経験して急速に工業化が進んだ。

　ドイツの資本主義の発展は，次の2つの事象を生んだ。第1は，過酷な労働が労働者に要求され，労働者の長時間労働や安い賃金という生活に多大な苦痛を与えた。女性や児童も労働に徴用されることとなった。特に児童の労働は教育の妨げになるし，身体発育上にも害があった。労働者側からの労働条件の向上を求める運動が高まるのは，自然な動きであった。

　第2に，1848年にカール・マルクス（Karl Marx：1818〜1883）とフリードリヒ・エンゲルス（Friedrich Engels：1820〜1895）による『共産党宣言』が出され，マルクス主義による社会主義運動の誕生と進展があった。その後，徐々にこの思想は労働運動の中で影響を持ち始めた。保守勢力の指導者たるビスマルクは，社会主義勢力の台頭を防ぐべく，いろいろな手段を取るようになった。例えば出版法や結社法を制定して，社会主義運動を抑圧する行動に出た。

　もう一方で社会保険制度の導入である。何とか社会主義に走る人々を自分たちの方に引き寄せたいという懐柔策を取ろうとして，ビスマルクは1880年代に有名な三部作，すなわち1883年の医療保険，84年の労災保険，89年の年金保険という，いわゆる社会保険制度を作成する。ビスマルクは軍国主義者のみならず，社会保険創始者と

第1章　歴史から学ぶ社会保障

表1-1　主要なプログラムの最初の導入

|  | 第1 | 第2 | 第3 |
|---|---|---|---|
| 労働者災害保険 | ドイツ<br>(1871年) | スイス<br>(1881年) | オーストリア<br>(1887年) |
| 健康保険 | ドイツ<br>(1883年) | イタリア<br>(1886年) | オーストリア<br>(1888年) |
| 老齢年金 | ドイツ<br>(1889年) | デンマーク<br>(1891年) | フランス<br>(1895年) |
| 失業保険 | フランス<br>(1905年) | ノルウェー<br>(1906年) | デンマーク<br>(1907年) |
| 家族手当 | オーストリア<br>(1921年) | ニュージーランド<br>(1926年) | ベルギー<br>(1930年) |
| 男子普通選挙権 | フランス<br>(1848年) | スイス<br>(1848年) | デンマーク<br>(1849年) |
| 男女普通選挙権 | ニュージーランド<br>(1893年) | オーストラリア<br>(1902年) | フィンランド<br>(1907年) |

出所：P. Flora, "State, Economy and Society", P. Flora and Heidenheime eds., *The Development of Welfare States in Europe and America*, London：Transaction Books, 1981, p. 454. J. Dixon and R. P. Scheurell eds., *Social Welfare in Developed Market Countries*, London：Routledge and Kegan Paul, 1989.

いう顔をも保持する二重の顔をした政治家であった。この制度は他のどの国にも先駆けて作られたので，他の諸国に与えた影響も大きかった。

　三部作をごく簡単に紹介しておこう。第1に，1854年のプロイセンにおける「救済金庫法」では，疾病保険制度がつくられて，企業の負担が義務付けられた。現代の社会保険制度における保険料負担はほとんどの国で企業負担と労働負担の双方でなされるが，19世紀半ばのドイツにおいてそれが始められたのである。

　第2に，16世紀に起源を持つ「坑夫金庫」の結成をより強化する法律を制定した。危険を伴う労働に対して，労働災害時に備えた保

険制度が鉱山のみならず広範囲の産業・製錬所・製塩所などにも拡張されたのである。1884年におけるビスマルクによる労働災害保険法では，これまでは労使の負担であったところに，保険料負担は全額企業側となったので，現代の労働災害保険の負担方式と同じであり，この点でもビスマルク改革が現代の社会保険制度の起源とみなせる理由の1つがある。

　第3に，ここでの福祉は，実は大企業が率先して導入したものであった。鉄鋼，鉄道，軍需産業で有名なクルップ社は，疾病者に対する疾病金庫・年金金庫などを独自に既に用意していたところを，ビスマルクはそれを他の大企業にも普及するようにしたのである。このように大企業のいくつかが，ビスマルク以前にすでに企業独自の福祉制度を持っていたことは，福祉制度の前史として強調されてよい。それらが既に存在していたことで，ビスマルクはこれを他の企業にも拡張する政策をとり，スムーズに制度化されやすかったのである。

　ビスマルクによる社会保険制度に対する一般的な評価は，「飴（アメ）」と「鞭（ムチ）」というものである。簡単にいえば，労働者の保護を図ることによって生活上の安心を与えるアメと，その見返りとして勤労に励んでほしいというムチ，という両方の顔がある。さらに，1878年の「社会主義者取締法」で象徴されるように，労働者が社会主義者への道に走ることを阻止する目的も同時に持っていたのである。

　ビスマルクによる社会保険制度自体の特色とその後の進展を簡単に要約しておこう。第1に，保険料の負担と給付が労働者の賃金に応じて決められているので，いわゆる比例拠出・比例給付制であって，イギリスにおける1911年の「国民保険法」や1942年の『ベヴァ

リッジ報告書』のような均一拠出・均一給付ではないという対比が重要である。賃金・所得の高低に応じて負担と給付の額が異なったのである。

第2に，ドイツの社会保険は工場労働者を中心にして制定されたものであり，農業従事者，家内工業者，商人，家事労働者が加入するのは，1911年の「帝国保険法」であり，ホワイト・カラーという職員層が社会保険制度に加入するのは，同じく1911年の「職員向け年金・遺族保険」まで待たねばならなかった。すなわち国民全員参加の保険制度は相当先になってからのことである。

第3に，1911年にはイギリスで失業保険制度が設けられたが，ドイツでは，失業保険の導入は1927年まで待たねばならなかった。

## 北欧諸国の社会保障

スウェーデン，デンマーク，フィンランド，ノルウェーといった北欧諸国は，福祉水準の高い福祉国家として有名である。これらの国における福祉の歴史を簡単に振り返っておこう。

もともとこれらの国は，ドイツなどと比較するとそれほどの福祉国家ではなかった。しかし，北国特有の寒さによって農業の不作が時々発生し，それへの対策として国民の間での支援活動は強かったし，デンマークでは農業協同組合が存在していて，共同で原料購入や製品販売を行う伝統があった。さらに近隣のロシアやドイツの軍事侵略があり，国民の不安も高かった。これらの事柄は国民の間での連帯意識を強めたのである。

連帯意識の強い下，大飢饉が何度か起こり，人々は新天地を求めアメリカ大陸に移住するようになり，働き盛りの世代が北欧諸国内

で少なくなった。残された高齢者層は厳しい生活を強いられるようになった。そこで国家と地方政府が高齢者を支援するため福祉制度を充実させる政策を採用し、国民の連帯意識が高ければ一気にその策は成功を収めた。ここに福祉国家の起源の1つがある。

　もう1つの理由はスウェーデンを中心にして一連の経済学者（クヌート・ヴィクセル、グンナー・ミュルダール、ベルティル・オリーンなど）が、福祉を充実させる政策が国民の幸福を高めるし、経済も同時に活性化する学説を提供しており、政治家と国民がこの学説に感化されて福祉国家の建設に邁進したことも忘れてはならない。この学説は他の北欧諸国にも拡がり、幅広い支持を集めた。

### アメリカの社会保障
　世界の資本主義国における随一の非福祉国家であるアメリカを知っておく必要がある。なぜ自由主義経済の国において福祉が嫌われるかを知る上で、アメリカは格好の例である。

　アメリカはヨーロッパから移住した人々とその子孫で成る国なので、他の人々や政府の支援を受けない自立精神を尊重する国である。そこで小さな政府、すなわち政府による福祉の提供を好まない国民性がある。これは福祉の規模を小さくする特質を背後から支持することになる。

　その他にもアメリカの福祉の歴史から学べる点がいくつかある。第1に、アメリカの医師会の強さである。アメリカには一部の貧困者と高齢者を除いて公的医療保険制度は存在せず、民間の私的保険のみである。戦前から戦後にかけて公的医療保険制度の導入運動はあったが、医師会は収入減少を恐れて常に反対してそれを成功させ

第1章　歴史から学ぶ社会保障

てきた。これに加えて，国民の一部に強制的な公的医療保険は国民
の選択の自由を奪うという反対論があり，自由至上主義の国アメリ
カならではのもう1つの特色がある。

　第2に，アメリカは経営側の意向が反映されやすい社会である。
失業保険や年金制度の導入や充実が歴史上で議論されたとき，企業
は社会保険料の企業負担の増加を嫌って反対してきた。特に戦前に
おいてそれが顕著であった。その伝統が今でも続いて，経営側は福
祉の充実に反対である。経営権の自由を尊重するアメリカなのである。


# 2　日本の社会保障の歴史


**日本の福祉制度はほとんど存在していなかった**

　日本の福祉制度，あるいは社会保障制度を話題にすれば，それを
年金，医療，介護，失業，生活保護などで代表させれば，政府が担
当する年金，医療に関しては，戦前ではほんの少ししか提供されて
おらず，介護，失業に関しては制度すらなかった。生活保護制度の
みが存在していたが，水準からするとかなり低かったのである。戦
前の福祉，社会保障制度はほとんど存在していなかった，と結論付
けてよい。

　なぜそうであったかといえば，福祉の提供は家族の間でなされる
べきとの信念が強かったので，政府なり第三者が福祉の担い手とな
るべしとの発想はほとんどなかった。

　例えば，年老いた親の生活は子ども（特に長男）の経済支援に
よってなされていた。それを実行する手段としては三世代同居（老

25

親，親，子どもが一緒に住む）が一般的だったので，老親は同居している成人した子どもに食べさせてもらっていた。老親が病気や要介護になったとき，誰が看護・介護をするかといえば，親族がその役割を担っていたのであり，特に医療費の経済負担をしていた。

　家族の間による福祉の担い手という発想は，明治政府が戸籍法を制定して，「家制度」あるいは「家父長制」を日本社会や家族の規範として明文化したことに由来するのである。では家族は福祉の担い手として心身ともに苦労していたかと問われれば，確かにそれを否定はできず，現在よりも重圧がかかっていた。しかしそれは想像するほど過酷なことではなかった。2つの理由がある。まずは，人々の間には法律の規範による点と，精神的な点からも家族の役割という認識があったので，半ば義務感を持っていれば苦痛も多少は和らいでいたと想像できる。次は，当時の平均寿命は40，50代だったので，親が高齢者でいる年数が短く，経済支援・看護・介護に必要な年数が意外なことに短期間だった。そうであれば苦労もそれほど長期間続かなかったのである。

### 明治・大正の社会保障

　ヨーロッパの福祉の源泉は，イギリスの救貧法でわかるようにキリスト教の博愛精神がその思想の出発点になっている。日本の仏教はどうか。仏教は親鸞の「慈悲」という言葉で代表されるように，不幸な人を憐れみ，同情することによってその苦しみを和らげるようにする必要があると説く。しかしそのときはひたすら念仏を唱えて，仏の許しを請うように勧めているだけで，人は病気，老化，死亡からは逃れられないので，人には諦めも必要であると説く。この

第1章 歴史から学ぶ社会保障

教えを仏教の真髄とみなすなら，福祉を重視する思想が仏教にはない，というのが筆者の解釈である。

　日本人の思想形成や行動様式に影響を与えた宗教は何かと問われれば，それは儒教である。仏教に勝るとも劣らないほどのものがあった。儒教は親子間，男女間，老若間，上司・部下間，先生・生徒間において，下にいる者は上を尊敬してその命令に服従といった主従関係を重視する。そしてお互いに助け合うことを説く。これを「仁政」と称してもよい。もっとも「仁政」では具体的に何をせよ，とまでは説いていないので，儒教において福祉に関することはやや曖昧である。でも結論として，親族で助け合うことを主張し，第三者，たとえば政府が福祉に関与する余地を大きいとは見ていない。

　明治時代は明治維新によって日本が一応の近代化に成功し，その後の富国強兵，殖産興業策によって日本の資本主義は発展して国民はそれなりに豊かな道に進む。この間に社会福祉が進んだかと問われれば，基本的には「ノー」であるが，まったくの「ゼロ」ではなく，少しは進んだのである。

　明治時代に深刻な社会問題は貧困であった。まだ発展途上国にすぎなかった日本で最初の救貧対策は，1874（明治7）年の恤 救 規則である。この救貧法は江戸幕府時代にいくつかの藩で施行されていた救済法を，明治維新新政府が受け継いだものである。イギリスの救貧法に似た発想はほんの少しはあった。しかし恤救規則の適用を受ける貧困者の数は非常に限られていたし，公的支援を受ける前に，家族や地域の共同体でお互いに助け合うことが条件になっていたのである。ちなみに明治初期の恤救率は1,000人当たり11.8人である。

　日本で最初に社会保険が成立したのは，1922（大正11）年の健康

27

表1-2　日本でのプログラムの導入年

| | |
|---|---|
| 労働者災害保険 | 1931（昭和6）年 |
| 健康保険 | 1922（大正11）年 |
| 老齢年金 | 1939（昭和14）年 |
| 失業保険 | 1947（昭和22）年 |
| 家族手当（子ども手当） | 1972（昭和47）年 |
| 生活保護（恤救制度） | 1874（明治7）年 |
| 男子普通選挙権 | 1928（昭和3）年 |
| 男女普通選挙権 | 1945（昭和20）年 |

注：各制度の歴史を知ることによって導入年がわかる。

保険法である。この健康保険法が成立する以前に，いくつかの私企業において，例えば鐘紡（鐘淵紡績，現カネボウ株式会社）などのように共済組合タイプの健康保険，年金保険などが存在していたので，この企業における福祉の前史が国の保険法の成立に貢献したことは確実である。なお，鐘紡には武藤山治（1867〜1934）が経営者としていて，ドイツ留学によってクルップ社のような企業福祉を参考にして，日本企業における最初の福祉を導入したので有名である。

　さらに政治の世界においても，ドイツに留学して，ビスマルク流の社会保険制度を学んだ後藤新平（1857〜1929）などによって，国家による健康保険法案が提出されていた。しかし国会で否決され続けた歴史がある。すなわち，1922（大正11）年の健康保険法は難産の末の成立だったのである。保険料は事業主と従業員の折半であった。ここで武藤山治や後藤新平で代表されるように，ドイツの影響をわかってほしい。彼ら2人に関しては橘木（2018）に詳しい。

### 昭和前期の社会保障

　この健康保険法を理解するとき，現代の視点に立ってもっとも重

要なことは，大企業用の組合健康保険と中小企業用の協会けんぽの二頭立てが，この時期に成立したことである。なぜ大企業と中小企業で加入する保険制度が異なるかといえば，両者の間で賃金格差や企業の保険料支払い能力に格差があること，さらに両社の間で従業員の離職率に違いがあることから，保険制度の管理・運営上で差が生じるからである。一方は大企業による独自の運営が可能であるが，他方は多くの中・小企業をまとめて政府が運営する制度にするのが効率的と判断されるからである。それ以降ほぼ100年近く，組合健保と協会けんぽの二頭立てで健康保険が運営されてきたことは，驚異であるとさえいえるだろう。

　また，第2次世界大戦に突入する前であるが，2つの保険制度が1939（昭和14）年に成立した。それは職員健康保険と船員保険である。前年に国民健康保険法が制定されて，新しく農民や自営業者などの加入する疾病保険ができたのであるが，職員健康保険はさらに給料生活者（俗にいうサラリーマン）と商店使用人などの加入する制度である。いわゆるブルー・カラー労働者とホワイト・カラー労働者の間で身分差があったので，健康保険制度においても職業で区分する必要があったのである。船員保険は文字通り船員のための保険である。1940（昭和15）年には年金保険法も制定された。

　これら戦争直前，あるいは戦争中の各種の保険制度の導入には，国民の福祉向上という名目上の理由よりも，保険料の徴収によって増加する軍事費の財政負担に充当する目的のあったことを記憶しておきたい。戦争直後の高いインフレーションによって国民は資産の実質価値をほぼ全部を失ったが，似たことは年金などの社会保険料にも発生した。すなわち保険料拠出のほとんどは実質価値が大幅に

低下したので，国民に還元されることはなかった。

## 戦後の歴史

　戦争で経済は疲弊し，国民は貧困の極地にいた。その後高度成長経済を経験し，国民の経済生活も徐々であるが豊かになった。しかし，まだ福祉の充実という声はさほど強くなかった。福祉の提供は家族内で，という規範がまだ強かったのである。とはいえヨーロッパの福祉思想は日本にも導入されており，政治家・国民ともにそれに関心を示すようになっていた。

　高度成長期の終了期頃（すなわち1970年初頭），日本人の所得も高くなったのに加えて，日本人にも個人主義が浸透してきたのであり，国民の間で福祉への要望も高まってきた。換言すれば，家族の絆が徐々に弱まったのである。具体的には，老親はできれば子どもの世話になりたくない，子どもも自分と自分の家族の生活で手一杯となり，できれば親の面倒を避けたいと思うようになっていた。現象としては三世代住居の減少で出現した，年金，医療の充実という社会保障への希望であった。

　それを実現したのは，1973（昭和38）年であり，「福祉元年」と称されることもあるのが象徴である。その前に東京都知事・美濃部亮吉による「老人医療無料化策」が導入されていたのであるが，田中角栄首相はこれを全国レベルに拡大した。「福祉元年」は日本の社会保障制度改革における画期的な年であると過大評価してはならないが，その前後10数年の間に充実したのは事実である。それは年金と医療の給付額の増加策と，社会保険制度に加入できなかった人々（自営業者や専業主婦など）の加入を可能にしたり，給付の財源

第1章　歴史から学ぶ社会保障

として保険料のみならず，税収も導入するようにした。

　これらの社会保障改革は次の2つを前提にしていた。第1に，将来の出生率はコンスタントに推移するものと予想していた。第2に，1970年代の安定成長率（すなわち4％前後）を日本経済は今後も保持できると見込んでいた。これらが保障される限り社会保障制度は順調に運営できるであろう，と信じていたのである。すなわち社会保障給付と財源の確保に問題は生じないであろう，と予想していたのである。

　ところがこの2つの前提は夢のごとく消え去った。出生率の低下による少子高齢社会の到来，そして1980年代後期のバブル崩壊後に，日本経済は低成長期時代（すなわち失われた20年，30年）に突入したのである。これら2つの予期せぬ現象により，社会保障制度は財政赤字を生むのである。現代はそれの深刻度が増しており，国民は将来に給付をもらえなくなるかもしれないとか，給付の削減があるだろう，という不安の中にいる。

　この現状に対して，政府の採用した政策は，誰でも思い付く給付額の削減と保険料の増大策の相次ぐ導入であった。これに関しては他にも種々の政策がありうるので，後の章で各制度別に詳しく検討する。

　ここまでは2つの代表的な社会保障制度，すなわち年金と医療を主として念頭において議論してきたが，他にもとても重要な制度がある。それらは，児童手当（子ども手当），失業保険（日本では雇用保険制度と呼ばれる），介護保険，生活保護などである。これら個々の制度の歴史と現状については，後の各章で詳しく分析される。

31

# 第2章
## セーフティネットと保険の機能

第2章 セーフティネットと保険の機能

# 1 セーフティネットとモラルハザード，
## そしてナショナルミニマム

### セーフティネットとは何か

　福祉あるいは社会保障の提供を，セーフティネットという言葉で代用することがあるので，この言葉をよく知っておこう。セーフティネットは安全網と訳されることが多い。サーカスにおいて空中ブランコを演じる役者が，万が一演技に失敗して墜落したとしても，下に網を張っておけば，死亡や大きなケガをしないように防ぐ目的がある。この網を想像すればわかりやすいのではないだろうか。セーフティネットに関しては，例えば橘木（2000）が有用である。

　人間には様々な予期せぬことが発生する。火事，交通事故，台風，地震，大雨などの被害に遭遇するのは皆の経験するところである。個人にとっても，企業倒産による失業，病気，要介護など多少予期できても基本は不確実に発生する事象に遭遇する。空中ブランコのセーフティネットのように，人間社会に発生する様々な事故，災害，不幸に備えて，いろいろな手立てを準備しておくことは，人間社会をとてもスムーズに生きるために役立つ。それがセーフティネットの考え方である。

### セーフティネットの功罪

　もう少し論理的にセーフティネットの意義と限界を考えてみよう。意義としての第1は，万一の事故や不幸が発生したとしても，被害をゼロにするか，たとえ被害が生じたとしてもその損害を最小にす

35

ることを目的にする。そして損害が発生したとしても何らかの補償を考えておくととても意義がある。後に説明する種々の保険制度がこれに該当する。

第2に，これまでは予期せぬ不確実に発生する事故や不幸を念頭においたが，人間は知恵を働かせる動物である。将来にある程度は予想される諸事象に対して，セーフティネットを用意することはとても人生にとって役立つと考えるようになった。後に説明する年金制度を考えればわかりやすい。人間は60歳から70歳になれば労働から引退することが予想できるので，引退後の所得保障を考えるようになったのである。働くという現役の時に一部の所得を貯蓄して，それを財源にして引退後の所得を確保するのが年金制度の基本的考え方である。

逆に，種々のセーフティネットや保険制度は，それがあることによって様々な逆効果や，費用の発生を伴うこと必至である。第1に，サーカスの演技者は安全網があるので安心感を持ち過ぎて，練習に励まず，すなわち芸を磨かずに怠慢になってしまうことがある。すなわち，人間がセーフティネットの存在によって，行動に対して消極的になる可能性がある。わかりやすい例を挙げれば，失業保険による所得保障があれば食べていけるので，失業者は真剣に求職活動をしない，といったことがある。この現象を「モラルハザード（制度の悪用）」と称する。

第2に，「モラルハザード」のもう1つの側面は，セーフティネットがあることにとって制度のタダ乗り（フリーライド）をする人が出てくる。わかりやすい例は，医療保険制度が充実すると，人々は簡単に病院に行こうとするし，医者側も不必要な治療，検査，

第2章 セーフティネットと保険の機能

投薬を行うことがある。自己の負担が少なく，第三者がやってくれるからである。

第3に，セーフティネット，あるいは私的保険にせよ公的保険にせよ，制度の企画と運営には必ず費用が掛かる。保険料の負担や制度の運営費用を誰がどれだけするのかを決定するのは，効率性と公平性の観点からかなり重要なことである。

第4に，セーフティネットの充実に貢献するため，保険料の負担が大きくなると，人々と企業の双方に対して負の効果を与えることがある。労働者だと労働供給に阻害効果を及ぼしかねないし，企業も設備投資を抑制する行動に出るかもしれない。これらの現象は経済を活性化するのに悪影響を及ぼしかねないので，経済効率（経済成長）にとってマイナス効果となる。

以上をまとめると，セーフティネットあるいは社会保障の存在は，人々の生活に安心感を与えるし，人々の生活をスムーズにするというとても良い効果を持っていると理解できる。しかし，反面にはいくつか例で示したように負の効果もあるので，それらの両面をうまくバランスさせる方策が重要となる。本書の目的の1つは，それらを1人ひとりが考える際の資料を提供する，ということになろうか。


「ナショナルミニマム」という言葉

福祉，あるいは社会保障の提供を人々に与えるとき，最低限として1人ひとりにどれだけの水準を提供すればよいか，を論じるのが「ナショナルミニマム」論である。この水準は人間が生きていくのに最低限どれだけの所得があればよいか，という話題と直接関係があると考えてよい。例えば，生活保護支給の額，失業保険給付の額，

37

年金支給額の決定に際して，人が最低限生きていくためにはどれだけの額が必要か，という問題と考えてもよい。

ナショナルミニマムは，イギリスの社会主義者のウェッブ夫妻（夫 Sidney Webb：1859〜1947，妻 Beatrice Webb：1858〜1943）が1897年に最初に定式化した概念である。夫妻はフェビアン協会を創設して，政治活動と執筆活動を行った。この協会は後にイギリス労働党設立の母体となった歴史を有する。詳しくは橘木（2018）を参照してほしい。日本の書物でこれを詳しく知るには，平岡（2011）が有用である。

イギリスの社会保障の聖典，既に紹介したように1942年の『ベヴァリッジ報告書』はこのナショナルミニマムを本格的に論じた書物として重要である。人々が生きていくための最低生活保障は，「人間の権利」であるとの発想の下で議論されたのであり，それを政府がコミットすることの必要性を説いたのである。なお社会保障を人間の権利として認識すべきとしたのは T. マーシャル（1965）である。ナショナルミニマムの解釈にはいろいろな見方があって，まずは政府のする仕事はナショナルミニマムの提供だけで十分である，との見方と，ナショナルミニマムの提供だけでは不十分なので，できるだけそれ以上の水準の提供を目指すべき，との対立がある。

どちらの見方をするかは，例えば福祉を重視する福祉国家論を支持する人々と，政府はナショナルミニマムの提供だけで十分とする人々と，ナショナルミニマム以下でもやむをえないとする人々の間で対立がある。前者の代表は，スウェーデン，デンマークなどの高福祉国家の人々，真中の代表はイギリス，ドイツなどの中福祉国家の人々，後者の代表は福祉は不必要とまではいわないが，ミニマム

第2章　セーフティネットと保険の機能

以下でよいとするのはアメリカの人々である。

　もとより，ナショナルミニマムをどれほどの所得額とするかも大きな論点である。1人ひとりが生活に必要な所得はどれほどかを決定する議論とみなしてよい。「貧困線」という言葉がこれに相当すると考えてよい。人にはどれだけの所得が必要か，というのは人によって異なるので，なかなかナショナルミニマム，あるいは貧困線の決定はそう容易でないことはわかってもらえよう。国によって，あるいは地域によって最低生きていくのに必要な額は異なるのである。例えば，アメリカにおいては自動車は必需品であろうが，そうでない国もある。日本でも北海道であれば冬季の暖房費は必要であるが，沖縄では不必要である。若者にとってスマホは必需品だろうが，お年寄りにとっては必ずしもそうではない。子どもの教育費も，義務教育だけで十分と考える人もいれば，高校，できれば大学までと考える人もいる。

　ナショナルミニマムの設定に際して，『ベヴァリッジ報告書』は必要な大原則を2つ主張した。その第1は，提供に際して「ミーンズテスト（資格審査）」を行うべし。これは人々の資産がどれだけであるかを知るとか，働くことができるかどうかを確かめる，といったことも含める。第2は，社会保険原理の活用である。これら2つの大原則については，本書で詳しく論じることにする。

39

## 2 保険制度と逆選択

### 保険制度とは何か

不確実に事故が発生したり，何らかのリスクに備え，何か事が起きた時の被害を補償するために，人類は保険制度を生み出した。どのような保険制度があるかを書けば，現実の世界でどう対処しようとしているかがわかる。生命保険，損害保険，火災保険，失業保険，健康保険，介護保険などである。それぞれの制度の具体的な役割について説明する必要はないであろう。社会保険，ないし社会保障に関する信頼すべき教科書は小塩（2013）である。

保険制度が最初に生まれたのは生命保険制度とされているので，これだけを簡単に書いておこう。家族の誰かが死亡したとき，家族は悲しみに打ちひしがれるので，その被害に対して補償の意味で保険金が支払われるのである。特に所得の稼ぎ手が死亡すると，一家は突如として経済的に困窮するので，それに備えての保険が生命保険の目的の1つである。当然のことながら，契約者が生存中に保険料を拠出しておく必要があり，もし死亡したら保険受取人が保険金を保険会社から受け取るのである。生命保険の場合には，保険契約者と保険受取人の二者がいるが，他の保険では契約者と受取人が同一の保険制度が多い。例は，失業，健康，介護，損害などの多種である。

保険制度を誰が運営しているかに注目すると，公営（政府）と私営（私企業）の二種類があることを知っておかねばならない。生命

40

保険や損害・火災保険はほとんどが私企業の運営であり，失業保険，介護保険は公営である。健康保険は私営と公営の両方があるといってよい。なぜ私営なのか，あるいは公営なのかは，公営の場合は国民がほぼ強制的に制度に加入するのに対して，私営の場合には加入を国民の自由意思に任せている。すなわち選択制であり，加入しない人もいる。公営と私営の違いは，保険の本質を理解する上で重要なので，後に再述する。

### 逆選択について考える

　保険制度を考えるときに厄介な問題は，これから解説する「逆選択」である。健康，あるいは医療保険を例にするともっともわかりやすい。医療保険は病気になったときに治療代や薬価代がかかるので，その支出を肩代わりする制度である。保険契約希望者には日頃から健康に優れないとか，病気がちの人に多く，健康に自信のある人とか日頃から病気と無縁の人は保険に加入する希望は弱いであろう。前者の人は保険に加入しておれば，病気の際に給付を受けられる確率が高いのでメリットがあるが，後者の人は病気になる確率が低いので，保険料の拠出が無駄になるデメリットがある。以上の記述には多くの人が同意すると思われる。

　もし医療保険制度を任意加入制にすると，加入する人は前者の人に多く殺到し，加入しない人には後者の人が多くなるであろう。これを放置していると，医療保険制度は財政ピンチに陥る。なぜなら病気になる人が多くて保険支出は巨額になるのであり，そういう人の保険料をとても高くしない限り，財政赤字が大きくなり，最後は制度の倒産に至りかねない。

後者の健康に自信のある人にとって，たとえ保険制度が存在しているとしても，保険の加入をしない行動のあることを，逆選択と称するのである。背後には保険制度にメリットを感じる人ほど加入の意思の強い事実も，逆選択と同次元で解釈できる。いってみれば，保険への加入を任意にしておくと，逆選択は起こりうるのである。

　これを解決する手段の1つは，前者の病気がちの人の保険料を高くする一方で，後者の健康に自信のある人の保険料を安くして，バランスを取る案は有効である。しかし世の中は前者には高齢者や貧困者が多くて，高い保険料を払えない場合が多いので，この策はなかなか採用されにくい。

　ではどうすればよいのであろうか。その1つの案は，保険制度への加入の任意選択制をやめて，病気がちな人も健康な人も全員が加入するようにして，保険料収入の増加を図るのである。加入を強制にするには私的企業の保険会社であればほぼ不可能なので，保険会社を公営にして法律によって強制的に全員の加入を促すのである。理想は保険料は病気がちの人も健康な人も同一にするのが望ましい。なぜなら，後者から保険料収入を多く徴収できるし，医療給付額は当然少ないので，財政状態の安定に寄与するからである。

　ここでの主張を現実の世界で実践しているのが，日本であれば公営の厚生労働省が医療保険会社となっていることでわかる。国民全員のほぼ強制加入が原則であるし，保険料は国民全員がほぼ同一という制度で決められている。逆選択を避けるためには，公営による強制加入が好ましいのである。これを国民全員が加入する皆保険制と称してもよい。日本を含めた先進諸国の大半はこの皆保険制度である。

第２章　セーフティネットと保険の機能

　ところがである。この国民皆保険制度を保持していない国がある。それは自由至上主義の国，アメリカである。保険に加入したくない人の自由を尊重する人が結構いるアメリカでは，半強制的に全員を公的医療保険に加入させるのは憲法違反とみなす人もいて，公的医療保険制度は一部の高齢者と貧困者には用意されているが，原則として存在していないのである。アメリカ国民の大半は民間医療保険会社の経営する私的医療保険制度に，任意で加入しているのである。民間企業であれば保険料が高くなるので，貧困者が加入できずにいるのであり，アメリカは皆保険の国ではない。

　皆保険の国にしたいとして，前アメリカ大統領のオバマは，民間医療保険制度であってもアメリカ国民の全員が加入できるようにと，「オバマケア」を導入したのである。しかし現大統領のトランプはこれを好まず，「オバマケア」を廃止してしまった。「オバマケア」はヨーロッパや日本のような公的医療保険による皆保険ではないが，不充分ながら皆保険に近づけようとしたが，トランプ大統領の登場によってそれは一気に頓挫したのである。

　ここで述べてきたように，「逆選択」の問題をどう扱うかは，実は大きな学問的，かつ実践的にも大きな課題なのである。


## もう１つの問題モラルハザード

　これに関しては既述したので，簡単に述べる。失業保険制度であれば，真剣に求職しないとか，医療保険制度であれば，人は簡単に病院に診療に向かうとか，医療側が過剰な検査，治療，投薬など行うのである。日本でよく話題になるのは，働けるのに生活保護をもらっているとか，資産を持っているのに生活保護をもらっていると

43

いったことである。制度を悪用する，あるいはタダ乗りする，あるいは過剰行動に出る，といった事実である。これにどう対処するかは，それぞれの制度によって異なるので，ここでは一般論としてはそれらに言及しない。

　このモラルハザードを排除するためには，人間のずるがしこい性格が関与しているし，それの監視の費用と手間，それにそういう行動に走る人への対策や処罰をどうするのか，など複雑な問題を抱えているので，逆選択のときのような比較的単純な対処策は存在しない。しかも既に述べたように，制度によって対処策が異なるので，ここでは問題点の指摘のみにとどめておく。

# 第3章
## 公的年金制度

第**3**章　公的年金制度

# 1　自助努力型から公的制度へ

### 公的年金とは何か

公的年金とは，政府が主体となって保険制度を企画，運営するものであり，高齢者になると人は働いて所得を稼ぐことができないので，政府が支給者となって年金額を払う制度である。大半の人は定年制などによって企業を離職して賃金受給がなくなることによって年金給付が始まるのである。被雇用者のみならず自営業者も高齢になると働けないので，公的年金に加入している。専業主婦や無業者においても，高齢になってから年金を受給するので，こういう人にも公的年金が用意されている。

当然のことながら，政府は年金給付用の財源が必要なので，国民全員に対して支給の始まる前に年金保険料を人々から徴収している。その保険料徴収の方法，あるいは財源調達方式には，①賦課型保険方式，②積立型保険方式，に大別される。なお，③一般税収も投入されているので，税方式というのも別個存在している。日本は保険料方式と税方式の折衷と理解してよい。これらについては後に言及する。

公的年金の一般的解説は駒村（2003）や西沢（2003）でわかるが，制度を詳しく知るには厚生労働省が時折出版する『公的年金制度のしくみ』などがよくわかる。

47

## 2つの経済モデル

公的年金制度が導入される以前には，高齢になって働けなくなったときに，高齢者はどういう方式で所得を確保していたのであろうか。これを知ることによって，公的年金制度が歴史的に誕生する経緯がわかるので，それを論じてみよう。従来からは2つの方法があった。第1は，自分が現役の勤労中に得た所得の一部を貯蓄して，引退後の消費にまわす方法。自助努力の方法といってよい。第2は，家族ないし子どもが老親の消費をサポートする方法である。家族の支援の方法といってよい。

第1の自助努力の方法については，本人だけが関与するものである。経済学は「ライフサイクル貯蓄仮説」という理論によって，それを説明することに成功した。ライフサイクル貯蓄仮説は，モディリアーニ＝ブランバーグ（Franco Modigliani：1918～2003, Richard Brumberg：1929～1954）（1954）に始まり，現在ではマクロ経済学において，貯蓄を説明する理論として，もっとも有力な説として幅広い支持がある。ライフサイクル貯蓄仮説は，勤労中に得た所得の一部を貯蓄して，その元金と利子の合計を引退後の消費用に充当する，という行動原理を指す。

第2の家族支援型ないし世代間扶助型の方法については，個人ないし本人のみがライフサイクル上のすべての消費・貯蓄決定に関与するのではなく，家族や子どもが引退後の老親の所得保障に関与するといってよい。戦前のわが国では，年老いた親を現役の子どもが経済支援するのは，同居と別居を問わず普通の習慣であった。この制度は近代化以前の西欧でも一般的な慣習であったし，現在の発展途上国では広範囲に見られる現象である。一言でいえば，世代間の

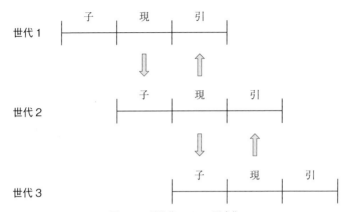

図 3-1 異世代モデルの図式化

注：子は子ども，現は現役，引は引退の時期を指す。

私的経済保障ないし所得保障といってよい。

　世代間の私的保障制度は一見原始的に映るが，経済学の世界では，この世代間の保障制度の考え方は，見事に経済モデルの中に組み込まれている。それは異世代（オーバーラッピング・ジェネレーション）モデルといわれるものである。図3-1はその考え方を示したものである。矢印は経済支援のあることを示す。

　異世代モデルは，それぞれの世代が子ども，現役，引退の三期間生きるとする。現役の親が子どもを経済支援し，同時に引退した親を現役の親が経済支援する制度を考えている。すなわち，現役の親のみが稼得可能な世代とみなされているのである。なお引退後の人への所得移転は，家族内で行うのか，それとも年金のように社会全体で行うのかの違いはある。

　子どもが親の経済支援を受けるのは，古今東西何処でも見られる自然の法則ないし摂理である。なぜなら発展途上国ならいざ知らず，

少なくとも先進国では子どもは働かないというか，働かせていない
のである。異世代モデルの特色は，引退した親を現役の人が経済支
援するところにある。この異世代モデルによる貯蓄理論は，現代マ
クロ経済理論において有力な1つである。

　わが国の現状を貯蓄行動から評価した場合，第1の方法と第2の
方法が混在しているとみなせる。どちらかといえば，昔は第2の方
法が第1の方法より強かったが，今は逆になっているともいえる。

### 2つのモデルの限界と対策

　第1ないし第2の方法が完璧に機能すれば，引退者の所得保障を
公的年金で行う必要はない。しかし，完璧に機能しないので，公的
年金が必要とされるようになった。

　第1の自助努力型の方法に関して，人によっては必ずマイオピッ
ク（近視眼）な人がいて，自分の老後保障に無関心で現役世代中の
所得を全部消費に使い切って，老後用の貯蓄をしない人が存在する。
このような所得のない引退者を，社会全体の負担である税収を充て
て，生活保護費支給制度に依存した所得保障を行えば，フリーライ
ダーを社会的に容認することにつながる。人々の賛成を得るのは難
しい。

　これでは貯蓄に励んだまじめな人々には，不公平感が残るだけで
ある。なぜならば，善良な市民の税金によって，貯蓄をしなかった
近視眼的なあるいは身勝手な人への老後生活保障を行うからである。
このフリーライダー問題を阻止するため，国が強制的に国民に対し
て貯蓄を強いているのが公的年金である。

　第2の世代間扶助型の方法に関していえば，人によっては結婚し

ない人（生涯未婚者）や，子どものいない人もいるので，家族の範囲内で，世代間私的保障を行えない人もいる。近代化以降の特色でいえば，たとえ子どもがいたとしても，家族間で私的に保障するよりも，子どもに頼らず自分で老後保障を準備することを好む人も増加してきた。さらに，子どもの側でも親の老後の経済支援を好まない人もいる。いわば家庭内の世代間所得保障の弱体化でもある。これらの例で示されるように，世代間の私的経済保障には限界が目立つようになってきたので，政府が社会的に老後の所得保障を行う考え方が，徐々に強くなってきたのである。

　そこで登場してきたのが，公的年金による強制貯蓄である。政府が保険料（すなわち貯蓄）を徴収し，それを老後に保険給付（すなわち所得）としてまわす制度である。第1の方法と第2の方法で発生しつつあった老後経済保障の諸問題を，同時に解決する画期的な制度であるとも解釈できる。公的年金制度は，この「自助努力型」と「世代間扶助型」の両方の目的を，社会が公的部門に運営を委託して達成する制度といってよい。第1の目的をサンドモ（1998）は個人内所得再分配型と呼び，社会保障の目的として重要であると主張している。筆者もこの解釈に賛成である。あるいは，個人内の所得平準化といってもよい。

　第2の目的は，ダイヤモンド（Diamond 1977）に従うならば，パートナーシップによる社会保障の目的といってよいだろう。世代間の連帯に期待し，かつ世代間の暗黙の契約によって，老後の所得保障を社会が責任を持って行うのである。

　公的年金制度の財源調達方式には，大別して3つがある。①賦課型保険料方式，②積立型保険料方式，③税方式と述べた。わが国の

公的年金制度は，この3つの方式が混在した複雑なものである。しかし，基本原則でいえば，賦課方式は「世代間扶助型」の目的に合致し，積立方式は「自助努力型」の目的に合致しているともいえる。別の視点からいえば，賦課方式を好む人は世代間扶助の精神を尊重し，積立方式を好む人は自助努力の精神を尊重している，といってもよいのではないか。

　公的年金制度を政府による強制貯蓄と理解することによって，「自助努力」と「社会扶助」の2つの見方からその存在理由を議論してきたが，これ以外にも公的年金の存在理由を挙げることができる。

　第3に，老後所得保障を社会全体としての公共財支出とみなすことも可能である。人の一生の間には，国から様々な公共財の提供を受けている。年金給付もそれに似た性格を持つと解釈するのである。したがって，税収をそれに充てるのが自然となる。

　第4に，公的年金は政府が保険料を一括徴収するので，運用額が巨額となり，規模の経済が作用するメリットがある。資産運用では，資産額が豊富であると分散投資ができるので，運用リスクを小さくできる。しかし，もし資産運用に失敗すれば，損失が大きくなる可能性を秘めていることも忘れてはならない。

　第5に，公的年金制度の存在によって，それが所得再分配政策の手段の1つに使用されうる。すなわち，高所得者から低所得者への所得移転を，年金制度の運営方式によって行うことが可能である。一例を挙げれば，高所得者から高い保険料を徴収し，低所得者から低い保険料の下で低所得者に高い年金給付を行えば，所得再分配効果のあることはわかってもらえよう。これに関しては，賛成意見と

第**3**章　公的年金制度

反対意見の双方がある。

　第6に，似た所得再分配は世代間でも発生する。例えば，引退して年金給付を受ける人と，保険料を払う現役の人の間で損得論議のなされることがあるが，これこそ世代間の所得再分配が発生している証拠である。これに関しては後に再び取り上げる。

　第7に，人の死亡時期を予測することは困難である。すなわち，人の生存年数は不確実性が非常に高い。不確実性が高い場合には，民間保険市場だけに任せておけない。すなわち，死亡時期不確実性に備えた保険市場には市場の失敗があるので，公共部門が年金を運営する根拠はある。


# 2　日本の公的年金制度


## 日本の年金制度のあらまし

　日本では民間企業で働いていた人には厚生年金制度，役所の人には公務員共済年金制度の2種があったが，この二制度は統合中の過程にあるので，ここでは厚生年金制度で代表させる。自営業と専業主婦を含めた無業の人のために，国民年金制度がある。国民年金は，厚生年金や共済年金の基礎年金部分を含んでいるので，基礎年金制度はここでも論じる。なお，厚生年金や共済年金の一階部分が定額支給制の基礎年金に相当し，二階部分は報酬比例給付制なので，一階部分と二階部分は制度の運営方式が異なるのに留意しておこう。

　まず国民年金の支給開始年齢は65歳である。厚生年金の支給開始年齢は基礎年金に関しては2000（平成12）年までは60歳であったが，

53

表 3-1　先進諸国

|  | 日　本 | アメリカ | イギリス |
|---|---|---|---|
| 保険料率 | 17.47%<br>（労使折半） | 12.4%<br>（労使折半） | 25.8%<br>（本人12.0%，事業主13.8%） |
| 支給開始年齢 | 国民年金：65歳<br>厚生年金男性：61歳，<br>女性60歳 | 66歳 | 男性65歳，女性62歳<br>5カ月 |
| 受給資格期間 | 25年（2016年）<br>10年（改正後） | 10年（40四半期） | なし |
| 所得代替率 | 59.1% | 51.0% | 47.6% |

注：所得代替率は平均的な所得の者の手取り所得代替率を示している。なお，所得代替
資料：日本年金機構「知っておきたい年金のはなし」，OECD 編著「図表でみる世界の
出所：安岡（2017）。

2001年以降 3 年ごとに 1 歳ずつ引き上げられ，2019（令和元）年現在では65歳になっている。二階部分に関しては，2012（平成24）年までは60歳だったが，2013年以降は 3 年ごとに 1 歳ずつ引き上げられ，2025（令和 7 ）年には65歳となっている。こうして厚生年金制度の支給開始年齢は2025年に完結する，なおここでの記述は男性に関してであって，女性は 5 年遅れの引き上げである。

　もう 1 つ重要な論点が厚生年金にはある。それは年金給付を受ける資格を得ながら（すなわち支給開始年齢に達する），その後も働き続けたとき，年金給付額が減額される可能性がある。それは年金と賃金をダブルで受けるのはよくないという発想からである。在職老齢年金額の削減と称される。働いて賃金を受けている人に年金を給付するのは，年金財政を必要以上に悪化させるという判断も手伝ってこういう措置が取られたのである。一方で，保険料を払い続けてきたのであるから，正当な給付を受けるのは何が悪いのか，あるい

54

第3章　公的年金制度

の年金制度

| ドイツ | フランス | スウェーデン |
|---|---|---|
| 18.9%<br>（労使折半） | 17.25%<br>（本人7.05%，事業主10.20%） | 17.21%<br>（本人7.0%，事業主10.21%） |
| 65歳3カ月 | 61歳2カ月 | 61歳以降で本人が選択 |
| 5年 | なし | なし |
| 71.8% | 68.8% | 68.2% |

率は2005年のデータである。また，保険料率や支給開始年齢は2014年末のものである。
年金」。

はこれは権利とみなせるので給付の削減は権利の侵害だ，との声も
ありうる。少子高齢化により労働力不足が深刻になる中，高齢者に
も労働者として働いてもらいたいとの期待があるので，在職老齢年
金額の削減策は，今後は廃止されるかもしれない。

　最後に，厚生年金における保険料と給付額は次の通りである。保
険料については，毎月の給与と賞与（ボーナス）を考慮した標準報
酬月額と標準賞与を算定して，保険料率を掛けた額が保険料額と
して徴収される。保険料率はおよそ18%弱である。強調すべき点は，
企業と労働者が負担を折半しているので労働者自身の保険料負担は
半額になっている。

　給付額については，定額部分はすべての人に一定額を支払うので
あるが，何年間保険料を払い続けたかに依存する。フル加入に近い
40年間保険料を払った人には月額6万5,000円ほどが支給される。
報酬比例部分については，保険加入期間（すなわち保険料を払った期

55

間）に依存するが，男性のフル加入者で平均的な賃金を受け取っていた人には，およそ月額9万1,000円が支払われている。労働者の賃金には当然のことながら高低の差があるので，9万1,000円より多く受け取る人と少なく受け取る人の差はかなりの額生じる。ここで挙げた平均的な賃金収入だった人は，定額部分でフル加入の6万5,000円を加えると，月額15万6,000円の年金給付となる。この額を年収にすると，187万2,000円となり，決して豊かではないが年金だけで高齢者が最低限の生活はできる額とみなせる。さらに普通の人にとってはこれに企業年金からの支給や私的な貯蓄取崩しなどが加わるので，貧困者になる確率は低いと考えてよい。

　むしろ問題なのは，保険制度にフル加入していなかった人（すなわち労働年数の短い人）や働いていた時期の賃金の低かった人は，ここで述べた月額15万6,000円の給付額よりもかなり減額となる。例えば，パートタイム労働や派遣労働で働いていた人や，社会保険制度から排除されていた人，1時間あたりの賃金の低かった人は，当然のことながら年金給付がないか，あっても低額になるのは必然である。これらの高齢者は貧困者になること確実なので，生活に困るのは必至である。日本の貧困者は高齢者に集中している。夫婦が健在のときの貧困率は20％前後，単身の高齢女性では50％強，単身高齢男性では40％の人々が貧困で苦しんでいる。全年齢においては15～16％の貧困率なので，いかに高齢者の貧困が深刻であるかがわかる。ちなみに，最高の貧困率を示すのは，母子家庭の60％前後である。高齢で貧困に苦しむのは，十分な年金を受給していないからである。その最大原因は，現役のときに様々な理由によって，所得が低く従って保険料拠出も不十分だったのである。

第3章　公的年金制度

## 世代間不公平論

公的年金の財政運営においては，賦課方式と積立方式の2つがあるが，日本は基本は賦課方式（時には修正賦課方式と称される）である。賦課方式とは，引退した高齢者の年金給付の負担は，同じ時期に働いている現役世代の保険料負担によってなされる。ちなみに積立方式とは，本人が保険料として拠出した財源で引退後に給付されるのである。

公的年金制度では世代間不公平がよく問題にされる。世代によって負担（保険拠出）と利益（保険給付）のバランスが著しく異なるという点である。その論拠は，旧世代（すなわち生年の古い人）は拠出額が少ないのにもかかわらず，給付額が多いのは不公平であるとする。それに対して新世代（すなわち生年の若い人）や将来世代は，旧世代に多額の給付を支給するために，巨額の保険料の負担をせざるを得ないか，あるいは将来にも巨額の負担が見込まれるし，自分達の老後の給付額は低いので，不公平であると主張されるのである。日本においては，公的年金制度の世代間不公平を示した研究例は山ほどある。

公的年金にまつわる世代間の不公平を発生させる理由はいろいろある。第1に，制度の創設期には年金受給者の数が少なかったので，給付額を多くすることが可能であった。しかも，その人たちは保険料の拠出期間が短いので，保険料をさほど払う必要がなかったのでいわば創業者利得があったといってよい。

第2に，制度が成熟するにつれて，経済成長率が高い世界であれば，現役世代の所得が高くなるので，保険料拠出を高くすることができた。その潤沢な保険料収入があったため，引退世代に高額な給

57

付をすることが可能であった。

　第3に，しかし今の日本のように低成長時代に突入して，保険料収入は徐々に減少し，かつ少子高齢化によって人口の年齢構成において高齢者の数が多くなり，しかも保険料を支払う年齢層が少なくなったので，将来の引退世代に確実な年金給付を行えなくなりそうである。

　以上をまとめると，人口の少子高齢化と経済成長率の低下という2つの要因があれば，すでに引退した世代が有利であり，将来の引退世代が不利になることをもたらした。

　実は，世代間公平を忠実に尊重して公的年金制度の設計と運営を行うことは，そう容易ではない。経済成長率，出生率，死亡率，あるいはインフレ率などの不確実性を伴う経済変数を取り扱っているわけで，超長期をカバーする公的年金制度に世代間公平の基準を達成することは，もともと困難なのである。これは特に賦課方式の年金制度が保有する宿命である。

　筆者個人の主張は，公的年金の世代間損得論議をやめて，世代間不公平の問題に目をつぶろう，というものである。これには2つの大きな根拠がある。第1に，人間社会には歴史的にみれば，世代間の不公平の存在はいたる分野で存在し，避けられない冷酷さがある。例えば，戦争に徴兵される世代に生まれた人々，ベビーブームに生まれた世代の競争の激烈さ，などがある。公的年金制度もその1つと考えれば，不満も多少和らぐのではないか。第2に，不確実性の伴う経済社会にあっては，世代間の不公平が生じるのは避けられない。しかも，年金制度の持っている保険機能のメリットを積極的に評価すれば，多少の不公平には寛容であってよいのではないか。

第**3**章　公的年金制度

　ここで述べた2つの論拠のうち，第2の論拠には多少の補足説明が必要である。それは年金という保険制度のメリットに関することである。年金制度は死亡時期が不確実な引退者の所得保障が最大の目的である。わが国では，支給開始年齢は延長の過程にあるとしても，60歳から公的年金が支給されるが，61歳で死亡した人と90歳で死亡した人の間には，支給額でおよそ約3,500万円の差がある。世代間不公平のシンボルである世代間移転額よりもはるかに大きな額である。70歳と80歳の死亡時期の違いでも約1,200万円の差である。

　保険とは不確実性に対処するための制度であるから，これほどの大幅な支給格差があっても誰も不満を述べる人はいない。死亡時までの所得保障があるので，年金制度への信頼感が国民全体にあると言える。これが公的年金制度の持っている保険機能のメリットである。このメリットが確保されているのなら，世代間の不公平は小さな問題といってよいのではないか。


## 公的年金制度改革案

　ここでまとめの意味で，日本における公的年金制度の改革案を論じておこう。日本は少子高齢化が進んでいるので，多数意見は世代間の不公平を重大とみなして，それを除去するような政策が緊急の課題とみなしている。さらに，予想される財政赤字の悪化に対処する必要もある。

　現今の制度改革案の主流は次の4つにまとめられよう。①年金保険料のアップと年金給付額の削減，②賦課方式から積立方式への移行，③年金民営化論，④税と社会保障の統合化である。それぞれの改革案を簡単に紹介し，さらにコメントをしてみよう。

59

① 年金保険料のアップと年金給付額の削減

　この改革案は政府（厚生省）が念頭に置き，誰でも思い付く案で，実行されつつある。基本は現制度の維持であり，保険料率の上げ率と保険給付額の下げ率をどれだけにするかを決めるだけである。保険給付の開始年齢引き上げ策もある。制度の設計と運営を行っている，いわば内部者である政府から抜本的な改革案の提言を期待するのは無理とはいえ，穏当な改革案である。

② 積立方式への移行

　現行の年金制度は賦課方式が原則である。ただし完全な賦課方式ではなく，積立方式の性格も同時に保持した複雑な制度である。さらにここに別の負担分（すなわち税収）が加わるので，まことに複雑な制度である。

　ただし筆者は，公的年金の基本概念のところで積立方式に問題があると考える。すなわち，積立方式による給付額の決定は，保険料積立金の運用成果に依存するので，企業年金制度でいう確定拠出型に近い制度であり，給付額に変動がありうる。引退者の生活保障の基礎である公的年金制度は，最低生活水準をすべての国民に保障するという意味で，給付額に変動のない確定給付型が望ましいと考える。そしてその負担は後に述べるように，税収で賄うのが望ましい。それ以上の保障に期待する私的年金である企業年金制度にあっては，運用成果を最大に生かすために，確定拠出型，すなわち積立方式であってよいと判断する。

### ③　年金民営化論

　公的年金制度の運営は曲がり角にきているので，民営化を図った方がよいとする主張である。多くの分野で民営化論の盛んなアメリカが筆頭であり，発展途上国においても人気のある改革案である。民営化論には次のコメントが用意できる。第1に，発展途上国は高インフレ，低成長，金融危機，等の深刻な問題を抱えて，公的年金制度がほぼ完全に崩壊した場合が多い。最初から出直しという意味で，再建策として民営化政策は実行しやすいという特色がある。

　第2に，これがもっとも重要なコメントであるが，既に公的年金制度が成熟した先進諸国にあっては，民営化がそう容易に達成できるものではない。改革に伴うコストや，移行期のデメリットも多いといえる。しかも福祉国家論が主流を占める大陸ヨーロッパ（特に北・中欧諸国）にあっては，民営化論の支持はさほど高くない。ただし，アングロ・アメリカン諸国といわれるイギリスでは，民営化論の勢いは結構強い。

　筆者自身の立場は，基本的に民営化論に反対である。第1に，引退者全員の最低限の生活保障を確保するため，特にその基礎部分に関して，公共部門の果たす役割は大きく，公的年金制度がもっともふさわしいと判断する。生活保障の基礎部分は公的年金で，それ以上の部分は民間年金や私的貯蓄で，というのが筆者の基本的な考え方なので，基礎部分まで民営というのであれば，生活保障の基礎に多大のリスクを課することになるので賛成できない。

　第2に，民営化すると国民全員への強制力に欠けることがあるからである。現在の公的年金の一種で，強制力があるとみられる国民年金においてさえも，保険料の滞納は深刻な問題となっている。民

営化すると年金に参加しない人や滞納者が増加するのは明らかである。こういう人たちが引退したときに，引退後の所得不足を生活保護制度などの税金で保障することになるが，保険料を払っていた人と大きな不公平が生じる。しかも，税支出も巨額になる恐れもある。

第3に，民間会社に運営をまかせると，管理費用が巨額になって，期待されるほどの収益率を生み出すことが難しい。さらに，資金管理を個人勘定別にすれば，運用のうまい人とそうでない人の差が大きくなって，給付額に大差がつきかねない。基礎部分で大差がつくのは好ましくないと判断する。

### ④　税と社会保障の統合化と累進消費税の提唱

ここでの主張の根幹は，現今の公的年期制度でいう基礎年金部分を全額税収で賄うというものである。私見ではその税源を累進消費税，ないし累進付加価値税で賄う，と考えている。したがって必然的に年金部門と税制部門の統合が行われることになる。基礎部分以上の年金部門は民間にまかせるか，公的年金の二階部分を積立方式とするものである。負担を保険料方式から税方式への移行といってもよい。現行制度においても，基礎年金支給額の2分の1はすでに税負担なので，ここでの統合はこれを100％の税負担にするということと考えてよい。

ここで累進消費税というのは，厳密にいえば，累進支出税といったほうがよい。わが国では消費税という言葉が定着しているので，支出税という言葉を用いなかったが，精神はカルドア（Nicholas Kaldor：1908〜1986）（1955）などの「支出税」に近い。すなわち，所得マイナス貯蓄，すなわち消費ないし支出に課税することを原則

にする考え方である。八田（1996）はこれらの税の解説を見事に
行っている。


**重要な政策課題**

　公的年金制度における現今の政策課題は，公的年金だけでは高齢
者が充分な所得を得られず，何らかの措置が必要との印象を国民に
与えたことから発した課題である。

　2019（令和元）年に金融庁の金融審議会が，高齢者が生活を続け
ていくためには，2,000万円の資産を貯蓄しておく必要がある，と
の報告書を提出したのである。国民は公的年金給付で十分に生活で
きると信じていたところに，2,000万円も貯蓄が必要との政府によ
る報告書なので，公的年金だけではダメだとの印象を国民に与えて
しまった。時の財務大臣の麻生太郎はこの報告書は国民に過剰な不
安を与えるとして受け取りを拒否したし，結局は廃棄処分にした。
しかし結果として国民に公的年金だけに頼ってはいけない，と信じ
こませるのに充分な問題提起の報告書であった。

　そこで高齢者はどれだけ公的年金に頼っているかをまず知ってお
こう。それは図3-2で示される。高齢者世帯において，公的年金
による所得が総所得に占める比率を示したものである。総所得のう
ち公的年金給付額だけで占められる比率の人が実に56.8％にも達し
ているのである。さらにその比率が80〜100％という高齢者が
12.5％存在し，60〜80％が11.6％となっている。60％以下という高
齢者は20％前後しかいないが，これらの人は他の所得や資産が豊富
にあるので問題にしなくてよい。問題は多くを公的年金に頼ってい
る高齢者の存在である。

金融庁の報告書は，65歳以上の高齢夫婦には，月額の平均で21万円の収入と26万円の支出が計上されているので，5万円ほどのマイナスが生じており，65歳から95歳まで30年間生きるとすると，1,800万円（5×12×30）が必要としたのである。収入の21万円の金額を公的年金給付で賄っている高齢者には，年金が5万円増加するか，1,800万円の資産を貯蓄するか，の選択があるということになる。

　ある程度の自助努力（すなわち貯蓄）は必要なので，高齢者の所得を全額公的年金で賄えるようにせよ，とまでは主張しないが，もう少し給付額を上げる政策は望まれると判断される。ましてや公的年金が総所得に占める比率の100％に近い高齢者が非常に多い事実を図3-2で確認したので，公的年金給付額をできるだけ上げる必要がある。具体的には，公的年金給付額の低い人の年金額のアップ策が望まれるのである。

　そのための政策，もう引退した高齢者に関しては，高齢者1人当たりにいくばくかの定額支払い策が考えられる。この政策は「ベーシックインカム」構想に似た考えで，支給を高齢者（特に低所得者）に限定する案である。現実にも2019（令和元）年の10月から「年金生活者支援給付金」という制度で，1人あたり月額5,000円が給付されるようになった。これをもっと充実させて，年金額の低い高齢者への支給額を増加させる案を検討してほしい。

　これから高齢者になって引退する人への政策も重要である。現代の厚生年金制度の加入は，フルタイムの労働者はほぼ加入できるが，非正規労働者では従業員が501人以上の企業，月収8万8,000円以上，労働時間が週20時間以上，という制約がある。これらを撤廃するか，

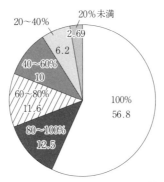

**図3-2 高齢者世帯における公的年金所得が総所得に占める比率**
出所：内閣府『2014（平成26）年度高齢者社会白書』。

緩和することによって，非正規労働者であっても将来厚生年金を受領できるようになる人を増やせるように，厚生年金への加入を招く案を真剣に考慮する必要がある。

　これら個別の政策に加えて，現今の保険給付額の削減策をやめて，むしろ増加策を採用することに期待が集まる。その財源確保のためには，給付額の増加に税収を投入する策がもっとも望ましい。既に公的年金改革案として4つの政策を本書で示したが，筆者の好みは④の税収投入額の増加である。④では理想として基礎年金給付の全額税負担化を主張したが，これは時間のかかることなので，徐々に税収投入額を増やすとともに，基礎年金部分の給付額アップ策が現実的な実効可能であるとみなす。

# 第4章
## 企業年金制度

# 1 企業年金制度とは何か

## 企業年金制度のあらまし

　企業で働く労働者が引退後にある年齢に達したときに受給できる年金には次の３種類がある。①一階部分（基礎年金），②二階部分（厚生年金の報酬比例部分），③三階部分（企業年金）。ここでの関心は三階部分の企業年金である。一階，二階は公的年金であるが，三階部分は私的年金なのですべての人が加入する制度ではなく，任意加入である。しかし労働者の引退後の所得保障としては重要な役割を演じるし，豊かな老後生活を望むならば加入することが望ましいので，ここでやや詳しく検討する。自営業者にも被雇用者用の三階部分に相当する国民年金基金という二階部分があるが，企業年金と比較すると規模が小さいので，ここでは述べない。企業年金の制度を知るには企業年金連合会のホームページが有用である。

　企業年金制度は従来の退職金制度が発展したもので，それの直接の延長線にある制度と理解してよい。すなわち，一昔前は引退期に一時金として受け取っていた退職金を，引退後の何年間かにわたって，区分けして受領を続ける制度である。今では一時金として全額受領してもよいし，あるいは退職後に区分けによる受領という選択肢がある。区分けの期間に関しても，一定年度（例えば10年間）とか，死亡時までという終身制の選択肢が準備されている。

　企業年金制度の本格的検討の前に，一昔前には一般的な制度であった退職一時金について知っておく必要がある。退職金の意義は，

企業が倒産したり，自己都合で離職したときに生活に困るので，賃金の後払いとして支給する制度であった。さらに，定年制度によって退職するときに支給するものでもあった。

現代では退職一時金制度と企業年金制度を併用している企業が71.1%（日本経団連の「退職金・年金に関する実態調査」2017年による），退職一時金制度のみが13.4%，企業年金制度のみが11.7%となっており，退職一時金制度もそれなりの存在価値を有している。ただし，中小企業においてはまだ企業年金制度がそれほど発展しておらず，中小企業に限定すれば退職一時金制度を用いる比率が70%の高さになっている。

表4-1は全国レベルの退職金と東京都の中小企業での退職金の額を，勤続35年という労働者に関して示したものである。これは定年で退職した人の数字であり，長期間その会社で勤務した人である。

この表でわかったことは次の通りである。

第1に，退職金の額は大企業と中小企業の間でかなりの差がある。日本企業における企業規模間格差は，賃金，生産性，資本金，利潤率などあらゆる分野で見られる現象であるが，退職金支払額も例外ではない。退職金の算定は現役時代の賃金を後払いする方法なので，現役時代の賃金差がそのまま反映されるのである。

第2に，学歴間格差（すなわち大卒か高卒かの差）はそれほど大きくない。日本はよく学歴社会といわれるが，賃金に関する学歴差は大きくないのであり，欧米諸国における大きな学歴別賃金格差と異なっている。とはいえ，高卒は大卒よりも4年間長く勤務するので，高卒の方が総賃金額がその分だけ高くなることの事情は忘れてはならない。

第 4 章　企業年金制度

**表 4-1**　定年退職金の額はいくらか

(単位：円)

| | | 大学卒 | 高　卒 | |
|---|---|---|---|---|
| 全国レベルの平均 | | 管理・事務・技術 | 管理・事務・技術 | 現　業 |
| | 平　均 | 21,560,000 | 19,650,000 | 14,840,000 |
| | 退職一時金のみ | 15,670,000 | 14,700,000 | |
| | 企業年金のみ | 21,100,000 | 18,220,000 | |
| | 両制度の併用 | 25,620,000 | 22,720,000 | |
| 中小企業 | 従業員数 | | | |
| | 10〜49人 | 10,583,000 | 10,111,000 | |
| | 50〜99人 | 11,710,000 | 11,195,000 | |
| | 100〜299人 | 12,788,000 | 12,356,000 | |

出所：厚生労働省「平成25年就労条件総合調査報告」，東京都労働局労働情報センター
　　　「中小企業の賃金・退職金事情平成27年」。

　第 3 に，もっとも印象的な差は， 3 つの制度（すなわち，退職一時金のみ，企業年金のみ，両者の併用）によって退職金支払額がかなり異なっている，例えば大卒だと，併用制はおよそ2,562万円なのに，退職一時金のみでは1,567万円であり，およそ1,000万円の格差がある。これを説明する要因は次の通りである。

　支払いを後に繰り越ししない一時金支払いだと，企業は多額の資金をそのときに準備せねばならない。いわゆる資金繰りに違いが出るので，総支払額にも差が出ることになる。さらに，企業年金を設定している企業には上場大企業が多いので，そもそも支払い能力が高く，退職金を多額用意する余裕がある一方で，一時金支払いの企業には中小企業がかなり含まれるので，支払い能力が低くなりがちである。

　ここでの教訓は，退職時に一時金支払いを選択するか，企業年金を選択するか，あるいはその併用を選択するかを決めねばならない

71

ときは，企業年金のみか併用するかを選択する政策の方が，総額で高い退職金の得られる可能性が高まる。しかしこれにも1つのリスクが伴う。企業年金を受けている期間にその企業が倒産するようなことが起きれば，予定された企業年金額の全額を受け取れないことがありうる。絶対に倒産しないという保証のある企業など存在しないので，このリスクを考慮すれば併用型を選択し，かつ一時金受給額をある程度確保する案が好ましい。

　もう1つの視点は，実は税金支払いを考慮すると，退職一時金が企業年金よりも有利な面がある。それは，退職一時金にはかなりの額の税控除があるので，支払う所得税額が少額ですむし，ゼロにさえなることもある。一方で企業年金からの所得は，所得税や社会保険料の対象となるので，これらの負担が結構多額になることがある。この意味では退職一時金を選択するのが好ましいのである。一時金か年金かの選択に際しては，税や社会保険料のことを考慮することも必要なのである。


### 企業年金制度の類型

　企業年金制度には，従来では厚生年金基金と適格退職年金の2種類が存在していたが，2012（平成24）年に適格制度は廃止された。現在では確定給付型年金として①厚生年金基金，②確定給付型年金（基金型と規約型の2種）の2つがある。他に③確定拠出型年金として，企業型と個人型がある。厚生年金基金とは，二階部分の報酬比例厚生年金の運用を代行する役割を果たしてきたが，運用実績に種々の問題が生じたので，新設は認められなくなったし，他の企業年金制度への移行が進行している。

第4章　企業年金制度

　ここでもっとも重要な類型は，確定給付型と確定拠出型の違いである。確定給付型とは，年金給付額をあらかじめ設定しておいて年金を運営する方法であり，確定拠出型とはあらかじめ保険料徴収額を決めておいて，その運用実績を考慮した財政状況に応じて給付額を随時決める方法である。労働者にとっては前者の給付型の方が年金給付額があらかじめ明確なだけに，老後の生活設計を確実にできるメリットがある。

　日本においては20年ほど前ではほとんどが確定給付型であったが，その後確定拠出型が増加してきた。加入者数で評価すると，2011（平成13）年には8.8万人にすぎなかったのに，2016（平成28）年では580万人に達しているので，急速な増加がわかる。2019（令和元）年の現代では加入者数のほぼ60％強が確定給付型であり，残りが確定拠出型となっている。

　なぜ給付型から拠出型に移ったかといえば，現実の年金資金の運用実績においては，低金利時代に入っているので資金の運用実績が悪く，あらかじめ決められた高い給付額を支払い続ければ，年金給付総額が保険料収入総額を上回るようになり，企業年金の財政は赤字，しかも大幅な赤字に向かわざるをえない時代になった。最悪の場合には企業年金制度自身の破綻に追い込まれるケースも発生した。

　確定給付型を保持するための財政安定化策として，給付額の削減を提案する企業も出現した。代表的にはパナソニック（旧松下電器産業）である。引退したパナソニックの労働者は「約束が違う」として削減策に反対して裁判に訴えたが，裁判の結果は引退者の希望に沿うものではなかった。そこで大半の引退者は給付の削減やむなしとして容認せざるを得なかった。

73

こうして確定給付型企業年金の運用は困難な時代に入り，確定拠出型に切り替える企業年金が増加するようになった。しかもアメリカで超人気だった401k型企業年金が日本でも紹介されるようになり，一気に確定拠出型は大きなウェイトを占めるようになった。とはいえ日本では確定給付型が800万人前後，確定拠出型が600万人前後の加盟と，既に述べたように確定給付型がまだ多数派である。むしろ確定拠出型が少なかったところに，それが急激に伸びてきたと結論した方が正確だろう。

## 2　企業年金制度の今後

### 企業年金制度の課題

日本は少子高齢化が進展して，公的年金に不安があり，それを補う意味でも三階部分の企業年金に期待せざるを得ない。しかし日本の企業年金においては，いくつかの課題が残っている。

第1に，金利の変動，株価や為替の変動リスクを考えると，確定給付型よりも確定拠出型の方が企業年金制度の安定を望むには好ましいが，それでも最悪の事態の到来はある。すなわち企業が倒産するという事態への対処である。企業年金の原則は単一企業での運営なので，企業が倒産したときの問題が大きく残る。アメリカで有名な例は，2009年に世界最大の自動車メーカーの GM（ゼネラル・モータース）が倒産したとき，企業年金制度も一度破綻して退職者は企業年金給付の削減を強いられ，かなり大きな被害をこうむった事件が特筆される。公的年金よりも企業年金の方が老後の所得保障

として，より重要な役割を演じるアメリカにおいて，深刻な問題になったのは記憶に新しい。

　ここで大きな教訓の1つは，企業は永久に存続し続ける組織ではない，という認識である。大企業では何年間か，あるいは何十年間も存続し続けるが，中小企業においては倒産は日常茶飯事である。大企業においても日本では，日本長期信用銀行，北海道拓殖銀行，山一證券，倒産に近かった三洋電機などの例がある。現役の労働者として30〜40年働き，引退後に20〜30年の生活をする高齢者を，1つの企業年金制度で存続・運営するのはむしろ珍しいと判断する方が自然である。企業年金制度を企画・運営する関係者は，自己の企業は半永久的に存続すると前提しているようであるが，これは大きな幻想にすぎない。

　もう1つは，企業倒産に至らないまでも，企業倒産の前に他の企業との吸収・合併が起こっているのが現代である。そして必ずしも経営危機への対処ではなく，経営効率を上げるために企業が合併するというのもかなりの頻度で発生している。元々別の方針で企業年金を運営していた企業間の合併となりうるので，合併後に運営方式をどうするかという課題は常に残っているのである。

　第2に，企業倒産は中小企業で多発しているのが現実なので，企業年金制度を企画・運営するのは大企業が中心であるとみなしてよい。日本では企業年金は大企業が主流であり，中小企業においては少数の普及があるにすぎない。中小企業の多くは一企業だけで企画・運営するのは困難なので，複数の企業が産業別に団体をつくって，共同で運営しているケースが多い。

　まとめると，日本のサラリーマンのうち，半数以上（65％前後）

は企業年金制度と無縁であるということになる。これを別の視点から評価すると，企業年金制度は格差社会の1つの象徴なのである。日本における大企業と中小企業の格差は賃金などあらゆる分野で目立っているが，老後の所得に関しても，同じ格差が存在しているのである。大企業や一部の中小企業で働く人だけに企業年金が用意されており，それら以外の人にはその機会が排除されているのである。

　第3に，労働者が企業を意図的に移動したときの処置に関しても問題が発生する。企業年金制度は企業独自の方針で企画・運営されているので，企業によって企業年金制度の運営方式は大きく異なっている。公的年金制度のように法律によってすべての企業・労働者に統一された制度ではないので，非常に恵まれた制度からそうでない制度まで，それこそ千差万別である。こういう状況の下で，ある労働者が企業を移動したときに様々な問題が発生する。今までの企業での制度と新しく移った企業では，保険料支払いの諸条件，引退後の保険給付の諸条件が非常に異なるケースがあったので，両者をどう調整するかは困難である。移動前の企業における企業年金の保険料総額がそのまま新しい企業のそれに移されれば問題はない。これを企業年金のポータビリティと称する。企業が倒産したり，吸収や合併する企業にも発生する問題である。実際にはこのポータビリティは簡単に実行できない。なぜならば今までに在席した企業と新しい企業では諸条件が異なりすぎて，大きく損をする人や大きく得をする労働者が出かねないからである。このポータビリティをどうするかが企業年金の発展を阻害している要因の1つなので，企業年金の関係者はいろいろな制度改革を試みているし，いい方向に進展はしているが，途半ばといった状況にある。

## 企業年金制度の総合評価

公的年金制度の将来に不安がある今日，高齢者の所得保障制度としての企業年金の役割の大きいことはよくわかる。公的年金給付額の削減が予想される中だけになおさらである。

とはいえ，本章で明らかにされたように，企業年金制度には様々な課題が残っている。それを簡単にまとめれば，①ポータビリティが不充分なので，企業倒産・企業合併のときに加えて，労働者自ら移動したときに問題が生じる。②退職一時金を含めて，企業年金制度には企業規模間格差がかなり大きく，日本の格差社会の1つの象徴となっている，③確定給付型と確定拠出型のメリット，デメリットは多岐にわたるので，企業年金関係者と加入者の双方にとってこれらにどう対処したらよいのか，検討の余地を迫られている。④これは企業年金そのものの問題ではないが，自営業者にはそれに対応する制度は存在はしているが，まだまだかなり未発展である。実は公的年金制度も含めて，被雇用者と自営業者の間には，高齢者所得にかなりの格差が存在するのである。

このような諸課題に対応するには，ここで述べた課題のかなりの部分はポータビリティ問題の処理によってされる。そのための策の基本の1つは，旧い企業での拠出保険料の資産額を，そのまま新しい企業での資産額にスムーズに移行できるような制度を確保できれば，問題のかなりの部分は解決されるとみなせる。ところが，現実の世界では旧い企業での企業年金と新しい企業での企業年金での企業年金の制度の異なることが多いので，なかなかスムーズに移行できないのである。専門家の知恵に期待して，ポータビリティの確保ができるようにしたいものである。

これらの諸課題を考慮すると，企業年金制度に固執するよりも，まったく新しい発想をした方がいいのではないか，という考えもありうる。それは筆者独自のもので，かなり大胆な改革案なのですぐには導入不可能である。中・長期的な見地からは検討の余地ありと思われるので，ここで書いておこう。詳しくは，橘木（2005a）を参照されたい。

　改革案の骨子は，三階部分の企業年金制度を二階部分の比例報酬型の厚生年金制度に徐々に移管するという案である。二階部分の運営においては企業倒産や労働者の中途移籍などに生じるポータビリティの問題が，法律に基づいての半強制的ではあるが，うまく対処できているので，そのメリットを活かす案である。この案は企業独自の年金を公的年金に包摂してしまう案という意味である。背後には，民間企業に頼り過ぎる福祉制度は，民間企業に発生する倒産や吸収・合併といった諸問題に対応できないことがあるので，公的な福祉制度の方が公平にかつ安全に運営できる可能性が高い，という事実に頼るのである。

　この案にはもう１つのメリットがある。それは企業年金や退職金は日本の格差社会を生む１つの要因であると述べたことへの解決策につながる。すなわち，私企業に起こりがちな格差の大きさを，公的部門が少しでも関与することになると，大きな格差を少しは小さくする作用が働いて，格差社会の拡大を阻止する要因になりうる。

# 第5章
## 医療保険制度

第**5**章　医療保険制度

# 1　医療保険制度の存立理由と特色

## 医療保険制度とは何か

医療保険制度とは，あらかじめ人々がその医療保険制度に加入していて，保険料を払い込んでいるのであれば，病気や怪我をしたときの治療費や投薬費の全部ないし一部を，その保険制度が支払いをしてくれる制度である。保険制度には，生命保険，損害保険，失業保険などを代表にして様々な制度があるが，医療保険が保険の本質と特色を理解する上でもっともわかりやすいので，医療を例にして保険制度とは何かがわかるように，簡単な解説を行っておこう。ところで保険制度とは，不確実に発生する事象によって生じる損害の補償をあらかじめ考えておく，という発想から生まれたものである。農家を考えてみよう。農業は天候に左右されるので，不作のときに備えて保険に加入する動機がある。不作のときも生活せねばならないので，生活費をもらえる制度を考えておくのである。その財源は保険会社の売り出す保険に対してのあらかじめの保険料拠出によって賄われるのである。

表5-1のような農家に対する保険の例を考えてみよう。不作の年の保険会社が農家に800万円（すなわち1,000-200万円）の損害額を払う契約である。ただし保険会社に支払う保険料は毎年600万円である。表5-1の結果によると，農家の純所得は毎期400万円であり，純保険料は200万円となる。

純保険料は保険料と期待所得の差として定義できる。純保険料を

81

表 5-1　損害保険の保険料決定　(単位：万円)

|  | 豊作年 | 不作年 |
|---|---|---|
| 収穫高（所得） | 1,000 | 200 |
| 保険料 | 600 | 600 |
| 保険金支払額 | 0 | 800 |
| 純所得 | 400 | 400 |
| 純保険料 | 200 | 200 |

$x$, 不作の発生する確率を $p$, 損失額を $L$, 保険料を $y$ とすれば, 次のように書ける。

$$x = y - E(L) = y - pL$$

ただし, $E$ は期待値のオペレーターである。表の例に従えば, $x = 200$, $y = 600$, $E(L) = pL = 400$ である。このような契約であれば, 農家は保険を購入すると考えられるので, 保険の需要は成立する。

保険会社はどのような保険商品を提供するのであろうか。先ほどの農産物の不作による損害保険の例に従うと, 保険会社がビジネスをやっていくためには, 次の式が必要である。

$$Y = pL + T$$

ただし, $T$ は保険会社の管理費用と正常利潤の合計であり, 保険会社は一定の利潤を確保した上で, 収支の均等が必要なのである。

第**5**章　医療保険制度

## 医療保険制度の特色

　まず，わが国の医療保険制度と医療全般にまつわる特色を理解しておこう。

　第1に，わが国の医療保険制度において，財政状況の判断が単年度主義にとらわれすぎている。年金制度は世代間の財政移転もあり，長期のスパンで考える必要があるので，医療保険制度と年金制度を同次元で論じることはできない。今でも年金制度のように，もう少し長期の財政運営に関心をもってもよいのではないか。

　第2に，医療保険の財政は基本的に賦課財政方式で運営されている。しかし，医療保障にも世代間移転がある。これは医療給付が病気になる確率の高い年長者に多くなされることと，若年・中年層はさほど病気にかからない上に，保険料拠出の主たる年齢層だからである。世代間移転があるのであれば，財政を単年収支のみならず，もう少し長期の視点からも評価し，かつ政策も考えてよいのではないか。

　次に，医療制度そのものの特色を述べてみよう。医療保険制度改革を考える際に，重要な視点を提供するからである。

　第1に，医療の世界には，情報の非対称性がある。この特色はわが国のみならず，ほとんどの国で見られる現象であり，きわめて重要な特色である。経済学でいう情報の非対称性とは，一方に情報が集中し，他者に情報がないことを意味する。医療のサービス提供者である医者に比べて，患者は自分に熱があるとか，どこかが痛いといったことを感じる以外，医学の知識や治療方法，さらに薬の効果に関してほとんど無知である。これが医療における患者と医者の間の情報の非対称性である。

83

これは様々な問題を発生させる。例えば，患者は医者の処置の良し悪しを判断できないし，なんのために投薬をするか，そしてなぜ医学検査を繰り返すかがわからず，医者に文句をいえる立場にない。最近になって，医者が患者に病状や治療，投薬の理由を説明することが見られるようになった（インフォームド・コンセントと称される）が，専門知識の溝はそれでもとても深い。

　この情報の非対称性は，医師による需要誘発効果，すなわち検査，診療，投薬を誘発する原因にもなる。医療サービスの需要は価格に対して非弾力的と考えられるので，医者が需要量を増加させる余地がある。さらに医師会の力が強く，医療サービスが独占的ないし寡占的に供給できれば，誘発需要仮説の成立する可能性は高い。

　第2に，医療には必要以上の診療という過剰医療がある。この問題は特にわが国で深刻であるとされる。病院の収入を増やし，医者の所得を高くするためである。過剰医療の問題を解決することによって，医療費の高騰を抑えることが可能といってもよい。

　どのような解決策があるのだろうか。1つには，患者のほうも限界はあるが勉強して，医師に治療と検査の理由，そしてその効果や結果についても多少の質問や意見をいうことがあってよいのではないか。あるいは，別の医者に診察してもらって，新しい意見を聞いてから，どうしたらよいかを考えることがあってもよい。

　また，医療報酬の計算の仕方を，治療，検査，投薬の量に加えて，質の面（例えば何日の治療や入院で治ったかなど）からも計算できるように変更するという案もある。当然，過剰医療にはマイナス点が与えられねばならない。

　第3に，当局やマスコミが病院や医師の質に関して，客観的な情

報を公開・提供することを考えた方がよい。質の良い治療であるなら，患者も高い医療費を払うこともいとわなくなるだろう。質の悪いとされた病院や医院は患者もさほど来ないだろうから，質を良くしようと努力するだろうと予想される。いわば医療における競争の導入と，情報公開の徹底である。

### 医療保険における逆選択

セーフティネットの章で逆選択については多少言及したが，医療保険の例がもっともわかりやすいので，式を用いて説明してみよう。保険会社は保険を契約したいと希望している人の健康状態を，完全に知ることは不可能である。あるいは，保険契約需要者は自分の健康状態（例えばガンに罹っているとか，病気がちであるかどうか）を，保険会社と比較すると自分のことはより正確に知っているといってもよい。ところで，保険会社は医療保険の契約をする前に，契約希望者に健康診断を行って健康状態を知ろうとするが，その結果とて100％確実ではない。逆にいえば，この健康診断は情報の非対称性をできるだけ小さくしようとする試み，と解釈してもよい。

ここに二種類の人がいる世界を考えてみよう。第一種の人は，病気になる確率（$P_L$）の低い人，第二種の人はその確率（$P_H$）の高い人である。すなわち $P_L$ は $P_H$ よりも小さいと仮定する。もし保険会社が保険契約者の病気になる確率（すなわち $P_L$ と $P_H$）をあらかじめ完璧にわかっているなら，二種類の人に別々の保険料を設定して契約すればよい。

$$\pi_L = P_L L + T$$

$$\pi_H = P_H L + T$$

当然のことながら $\pi_L$ は $\pi_H$ よりも小さい値をとる。

　問題は，保険会社が契約希望者の病気になる確率を正確に予測できないときに生じる。しかも，病気になる確率の高い人の方が，それの低い人よりも保険契約の需要が高いし，それの低い人の需要は低い，と一般にいえる。これを逆選択の問題と呼び，そのまま放置しておけば，保険契約は病気になる確率の高い人に集中し，保険金の支払い額が増加して，最終的には保険会社の経営が破綻する恐れすらある。

　では，どのような対策が考えられるだろうか。第1に，病気になる確率の高い人と低い人の確率を平均して，平均確率（$\pi$）に応じて保険料を設定することが浮かぶ。すなわち次の式に応じて保険料を設定するのである。

$$\pi = \left\{ aP_H + (1-a)P_L \right\} L + T$$

　ただし，$P_H$ と $P_L$ は予測不可能な確率，$a$ は病気になる確率の高い人が保険契約する確率である。この政策は全ての人に共通の保険料を設定するので，プーリング均衡と呼ばれることがある。ついでながら，異なったグループ，すなわち $P_H$ と $P_L$ に応じて，異なった保険料を設定することを，分離均衡と呼ぶ。ボーシュ（Borch 1981）は，このプーリング均衡が存在しない可能性を示したことで有名である。

　その意味は次のように直観的に説明されうる。プーリング均衡に

関しては，病気になる確率の低い人は契約しないかもしれない。さらに保険産業全体としてみると，新しい保険会社が出現して，低い保険料を提供して，それらの人とばかり契約するかもしれない。これらの現象が起きるということは，保険市場を不安定にする要因となる。このような状況では，民間会社に保険市場を任せることはできない。どのような政策対応が考えられるのだろうか。

　まず思いつくのは，保険への加入を強制することによって，病気になる確率の低い人もプーリング均衡から離脱することを防ぐことである。あるいは，法律によって国民全員の参加を強制することによって，プーリング均衡の安定性と効率性を図ることが考えられる。この方法こそ，公営による国民医療皆保険制度の存在理由になっており，アメリカを除くほとんどの先進諸国で採用されている思想の基礎になっている。


モラルハザード

　保険市場がうまく機能しないケースとして，これもセーフティネットの章で多少言及したが，次に問題になるのが有名なモラルハザードである。人間は悪知恵を働かせて，制度の悪用を図ることがある。すなわち，人は基本的に性悪であるとみなすことから発生する問題である。経済学的にいえば，前項で用いた記号で説明すると，事象の発生する確率 $p$ か保険金 $L$ を，保険契約者が意図的に変更することをいう。特に保険金 $L$ を変更することを，第三者給付問題とも呼ぶ。

　例を挙げた方がわかりやすい。一番わかりやすい例として，生命保険では，常に自殺や保険金目的殺人の問題がある。意図的な死亡

によって，保険金を受領しようとする行動である。医療保険では，さほど必要性がないのに，頻繁に病院に診療に行ったりする例も，高齢者に多いが中年，若年者にも多少は存在する。また，医者が過剰検査や過剰投薬をすることがある。

　これらのモラルハザードに対して，経済学者の考案した解決策は大別して次の2つである。詳しくは古典的な保険に関する文献であるアロー（Arrow 1963）やポーリー（Pauly 1974）を参照。

　第1の方法は，保険金の給付決定に際して，様々な制限を課すのである。すなわち，発生する事象のすべてに対して，保険金を全額支給しないこともあるとする。例えば，もっともわかりやすい生命保険では自殺者には保険金を支給しない，というのが原則である。実際には，契約後一定期間を経過してからの自殺には保険金の減額支払いという方法も考えられる。

　第2の方法は，契約者が事象の発生を防ぐために，どれだけの注意を払っているかとか努力しているかに注目する。これを行うには当然のことながら，保険会社に監視が必要なのでコストがかかるが，保険契約者がどの程度のモラルハザードを起こしているかを知ることは，保険会社にとって重要な参考資料となってよいのである。例えば，民間の医療保険では年齢や病歴によって保険料に差をつけている。これも対策の1つであり，保険会社は契約者の資質に注目していることがわかる。

## 2 わが国の医療保険制度の特色

### わが国の医療保険制度

日本の医療制度を知るには河口（2012）が有用である。わが国は国民皆保険制度の中にいる，と政府は高々と宣言している。すなわち，全国民が医療保険制度に加入しているので，医療保険制度はうまく運営されているとの自負である。しかし実態は必ずしもそうではなく，確かに国民の大半は医療保険制度に加入はしているが，貧困者や高齢者の一部は家計が苦しいだけに医療保険料が払えずにいる。保険料の滞納があると実質的には医療給付を受けることができないので，医療保険制度の恩恵を受けていない人が存在しているのである。確かに無保険者が国民の15％もいるアメリカと比較すれば，日本はまだマシであるが，100％の人が医療保険で守られている日本ではないので，決して皆保険の国ではないのである。

ではどの程度の人が医療保険料の納付をしていないのであろうか，統計で確かめておこう。後に論じるように，日本の医療保険制度は制度の乱立であるが，その内の1つ（国民健康保険制度——自営業者，引退者，無業の人が中心に加入している）に注目しておこう。比較的低所得の低い人の加入している制度とみなしてよい。図5-1が保険料の滞納率を示したものである。

ここで短期被保険者交付とは，保険料を納付していない人に対して，短期間（すなわち自治体によって異なるが3〜6カ月）の仮の保険証である。この間に保険料を全額払いなさい，という暗黙の催

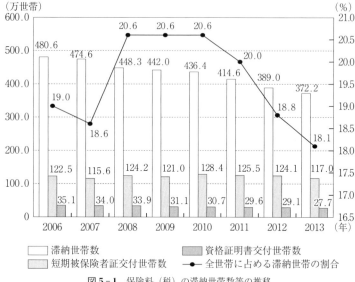

図5-1 保険料（税）の滞納世帯数等の推移
出所：保険局国民健康保険課調べ。

促があるとみなしてよい。この短期を過ぎて支払いのないときは，無保険者になる。資格証明書交付とは，保険料を払っていない人に対して，資格はあると証明はするが，保険給付はなく10割の自己負担である。しかし後に保険料を支払えば，支払った医療費の保険分は還元される。

この図によると年度によって多少の変動はあるが，18～20％前後で推移している。およそ5世帯のうち1世帯が，低所得によって滞納せざるを得ない状況にいる。国民健康保険（通称は国保）の加入者数はほぼ3,500万世帯とみなされているので，およそ700万世帯が困るのではないかと想像できる。なぜならば，こういう人は医療費

の全額を自己負担せねばならないので，支払いができないか，それ
ともそれを恐れて病院に行かない可能性がある。特に国保の加入者
は所得がないかあっても低所得の人が多いので，医療費の負担に自
信のないところからこれらの人の病気や怪我への不安は非常に高い
と結論付けてよい。国民皆保険だから日本人は病気や怪我への不安
はない，とする皆保険の国ではないことをここで確認しておこう。

　ただし，ここでも救済策は用意されている。それは低所得の人と
いってもその額が生活保護支給限度額以下であれば，すなわち生活
保護制度の恩恵を受けられる資格があれば，生活保護制度からの医
療給付の道が開かれているので，治療が完全に排除されているので
はない。少なくとも病院に行けないという最悪の事態は，生活保護
制度の存在によって避けられるのである。しかし，後述するように
日本の生活保護制度はうまく機能していない，例えば有資格者のう
ち20％前後の人しか実際には支給されていないとか，制度運営のた
めの財政負担が巨額に達している，などいくつかの課題を抱えてい
るので，低所得で医療保険料を払っていない人の医療給付を生活保
護制度に頼る策は好ましくない。

　100％の人が医療保険制度に加入して保険料を支払い，制度の恩
恵を100％受けられるような「実質的な皆保険制度」の国にするべ
きだと判断する。具体的には，まず保険料を払えないほどの低所得
者を生まない国にすることが，もっとも期待される政策である。次
善の策としては，どうしても低所得しか得られない人には保険料免
除の策を講じて，病院に進んで行けるようにする案が考えられる。

　以上は日本が皆保険の国ではないとする批判であるが，他国より
も優れている点もあるので，それをいくつか述べておこう。第1に，

表 5-2　各国の公的

|  | | 日　本 | ド イ ツ |
|---|---|---|---|
| 医療保険制度のタイプ | | 社会保険モデル<br>（国民皆保険） | 社会保険モデル<br>（高所得者以外は強制加入） |
| 保険者 | | 健康保険組合<br>市町村 | 疾病金庫 |
| 医療費の自己負担率 | | 20～30％ | 1 日当たり10ユーロ<br>（年間28日が上限） |
| 医療機関の<br>選択 | 診療所 | 自　由 | 自　由 |
| | 病　院 | 自　由 | 診療所からの紹介 |

出所：lifty.jp ホームページ（2017年）医療保険の国際比較。

国民は医療機関を原則として自由に選べる国である。例えばアメリカあたりでは，患者がどのような保険制度に加入しているかを医療機関が選別して，診察を拒否することができるが，日本は原則フリーアクセスである。とはいえ，大学病院などでの診療では初診料を高くして間接的にではあるが，高度治療を要する病院にはフリーアクセスは制限されている。

　第 2 に，図 5-2で示されるように，日本の 1 人当たり医療費は他の先進国と同じ水準，すなわち OECD 諸国の平均額あたりなので，高い医療費に悩んではいない。この図ではアメリカの医療費が格別に高いのが目立っている。日本における医療分野の生産性はそう見劣りしない，とみなしてもよい。

　第 3 に，表 5-2によってG5という先進諸国の公的医療保険制度の概略を知って，日本の特色を述べておこう。日本は医療保険制

第5章　医療保険制度

医療保険制度概要

| フランス | アメリカ | イギリス |
| --- | --- | --- |
| 社会保険モデル<br>(国民皆保険) | 市場モデル<br>(民間保険) | 国営医療モデル<br>(税方式) |
| 医療保険金庫 | 保険会社 | NHS |
| 入院31日目まで<br>10.67ユーロ<br>＋診療費の20％<br>(上限200ユーロ) | 保険契約による | な　し |
| 自　由 | 保険医のみ | 登録医のみ |
| 自　由 | 保険医のみ | 登録医からの紹介 |

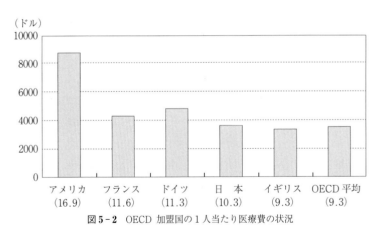

図5-2　OECD 加盟国の1人当たり医療費の状況

資料：厚生労働省「医療保障制度に関する国際関係資料について」。データは2012年のもの。
　　　かっこ内の数字は国内総生産に対する医療費の比率である。
出所：安岡（2017）。

度を原則としているが，公費すなわち税金も投入されているので，国民の保険料負担を少しでも和らげようとする政策が導入されている。この税収投入策は好ましい政策であるが，先進国の中では医療保険制度ではなく，医療費を全額税収負担にして，基礎的な医療費負担をゼロ，ないし最小にしている国もある。それはイギリスが典型であり，NHS（国民健康サービス）は税収で賄われているのである。筆者の個人的な好みは，イギリス流の国民全員に平等な医療サービスを税負担によって提供できる制度を望ましいと判断しているが，日本では保険料方式が既に定着しているので，税方式への変換は国民がそれを望まない限り無理である。しかし徐々に税収投入額が増加しているので，方向はそれに向かっているのも事実である。

### 乱立する医療保険制度

歴史的な経緯によって，わが国の医療保障は社会保険制度を基本としている。1961年に国民皆保険が（名目上は）実現して，すなわち国民がどれかの制度加入できるようになった。わが国のもう１つの特色は制度の乱立である。職業や年齢，勤務先の企業規模や業種によって，個別に医療保険制度が運営されている。大別して，組合管掌健康保険（主として大企業），協会けんぽ（主として中小企業），公務員共済保険，国民健康保険（自営業者，引退者，無業者）の存在がそれを物語っている。これは保険制度が創設された戦前においては，大企業だけが制度をつくっていたからである。中小企業は後に別個にしかつくることができなかったのである。これらの保険制度の中に，企業別や業種別にそれぞれ別個の保険制度がある。

制度ごとに医療保険制度が運営されていることによる最大の特色

第**5**章　医療保険制度

ないし弱点は，制度によって保険給付額や保険料負担額に格差の生じることである。例えば，自営業者や引退者の多い国民健康保険には高齢者が多く加入しているので，給付額が負担額よりも多額になりがちである。一方，大企業の現役労働者が多い組合健康保険はその逆である。従って，制度によって財政状況が大きく異なっている。当初は財政状況の弱い保険制度に対して，税収による国庫負担金拠出がなされたし，それが増額の一途をたどった。

1983（昭和58）年に老人保健法が施行され，高齢者を多く抱える保険制度の財政赤字を補填するためと，国庫負担を削減するために，財政基盤の強い保険制度から弱い保険制度に，財源の移転がなされるようになった。これは老人保健拠出金による財政調整と呼ばれる。社会連帯感に訴えて，制度間の財政格差を平準化しようとする試みであった。財政基盤が強かった保険制度（例えば組合健保）も最初の頃は財政調整に応じられたが，高齢化の進展の結果，現在に至って組合健保すらむしろその負担の重さが深刻になり，多くの組合健保が赤字に悩んでいるのは，歴史の皮肉といえようか。

さらに2008（平成20）年では老人保健法が大改定され，75歳以上の後期高齢者と65歳から74歳までの人を前期高齢者として，別建てで運営するようにした。後期高齢者は病気になる確率が高いし，所得も低いので負担を軽くするために自己負担を，高所得以外の人は1割に抑制している。なお前期高齢者においても，70歳から74歳の人には，自己負担は2割に抑制されている。なお現役の労働者と被扶養者の自己負担は3割である。

そこで医療保険における制度の乱立を防いで，制度の統合を図る政策が望まれるが，日本ではなかなかそれが進行しない。制度に

95

よって恵まれた保険制度，例えば組合健保とそうでない制度（代表例は国民健保，次いで中小企業中心の協会けんぽ）の間で既得権益に差があるし，後期高齢者の保険制度という特別な制度を設けたのでなかなか統合は進まないのである。小泉純一郎内閣のときに制度の統合の声はやや高まったが実際には統合は進まなかったのである。国民の間に強力な連帯意識（すなわち医療の分野で大きな格差の存在することは好ましくないとの意識）が高まらない限り，統合は困難であろうと予想できる。

# 第6章
## 介護保険制度

第**6**章 介護保険制度

# 1 介護保険制度とは何か

### 介護するということ

人間は年齢を重ねると体力，知力，気力の低下が起こり，その低下に対応して様々な対処が必要となる。その代表が介護である。最近では認知症による介護が多い。必ずしも重い病気にかかっていなくとも，例えば寝たきりになったときも，介護の必要なもう1つの顕著な例である。たとえ寝たきりにならなくとも，身体が不自由になって1人で食事がつくれない，あるいは食べることができない，そのほか身のまわりのことができない，病院や介護施設に行くときの介添えなど，介護に必要な事柄は無数にある。

そのときに課題となることはいろいろな種類に分けられる。第1に，誰が介護の役割を果たすのか。第2に，介護人と被介護者が同居するのか，それとも別居するのか。第3に，別居の場合には被介護者を高齢者施設に入れるのかどうか。第4に，介護や看護に要する費用，あるいは被介護者に必要な生活費の負担を誰がどれだけするのか，といった課題がある。なお日本の介護保険制度の全容と問題点を知るには伊藤（2007）が有用である。

本格的に介護と介護保険を論じる前に，念頭に置いておきたいことがある。それはいつの時代でも高齢者の介護問題は存在していたが，ここ最近の20年ほどの間にその深刻度がはるかに強くなったことである。なぜ深刻になったのか。第1は，ここ40〜50年間にわたって，日本人の寿命がかなり延びたことにある。戦前では人生50

99

年といわれていた時代があったし，定年も55歳であった。その後医療技術と薬品の質の飛躍的な進歩，そして人々が健康に留意する程度が強くなり，さらに食料品が健康を害さない方向に改良されたので，寿命は大いに延びたのである。今や男性は人生80年，女性は90年といわれる時代となっている。人生100年という声すらある。寿命は延びても体力，知力，気力はそれに比例してそれほど強くなることはなく，むしろ年をとればそれら3つの能力は低下するし，病気や要介護になる可能性は高まる。健康寿命（1人で生活するに充分な身体能力のある年齢）と平均寿命の乖離が介護の必要性を生んでいるのである。

　第2は，寿命の延びに伴い，高齢の単身者の激増が見られた。図6-1によって，1人暮らしの高齢者の数がここ40年間にわたって急増したことを確認しておこう。1980（昭和55）年の88.1万人から，2000（平成12）年の300.2万人に増加し，2020（令和2）年には536.5万人に増加すると予測されている。ごく最近の推計では，近い将来に900万人という予想もある。これだけ単身で住む高齢者が増加すれば，介護の問題がより深刻にならざるを得ない。なぜなら，高齢者夫婦が2人で住んでいたり，成人した子どもとの同居をしていれば，誰かが身近で介護にあたることができるので，介護の問題がなくなるとまではいわないが，深刻度は小さくなる。

　この図で大切な情報がある。それは高齢単身者を性別で見れば，女性の数が男性よりもかなり多いという事実である。2000（平成12）年であれば高齢女性単身者は男性のそれのほぼ3倍であった。それは2020（令和2）年ではおよそ2倍と予想されている。倍数では減少であるが，絶対数で見れば，女性の増加の方が男性よりもか

第 6 章　介護保険制度

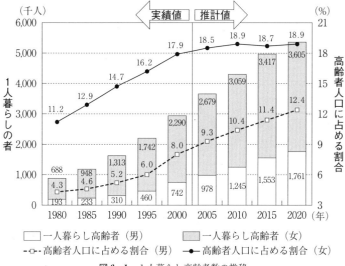

図 6-1　1人暮らし高齢者数の推移

出所：厚生労働省老健局『2015年の高齢者介護』。

なり多い。

### どこで誰の介護を受けるのか

次の論点は介護を受ける人が，どこで誰の介護を受けるのかである。まずは要介護者が介護人と同居しているのか，それとも別居しているのかを見てみよう。図 6-2 の上半分はそれを示したものである。64.1%が親族など誰かとの同居であり，23.1%が別居の家族か介護施設という事業者である。過半数が同居による介護なので，まだ日本の家族の結びつきは消滅していないと理解してよい。

では同居しながらの介護であれば，誰が介護をしているかは図 6-2 の下半部で分かる。もっとも多いのは32.3%という息子の妻

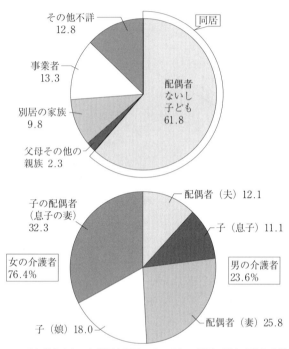

**図6-2** 要介護者からみた別居と同居の差，そして同居の場合は誰が介護者か
出所：厚生労働省『国民生活基礎調査』(2014年)。

であり，およそ3分の1に相当する。これが家父長制という日本特有の家制度が過半数を超えてはいないが，まだ根強く残っていて，息子（主として長男）の妻が長男の親の介護にあたっていることを暗示している。

次いで多いのが妻の25.8%であるが，これは老親2人だけのケースと，子どもと同居しているケースの2つを含んでいる。老親二人だけで住むことに注目すれば候補は夫の12.1%がそれに続くが，こ

の数字には実は子どもとの同居のケースも含まれているので注意を
要する。

　子どもと同居した場合，娘と息子ではどちらが介護にあたるか，
が興味である。娘が18.0％であり，息子の11.1％よりも高い比率で
ある。これは子どもが一人だけしかいないときと，兄弟姉妹がいる
場合の双方を含んでいることに留意したい。介護者が女性かそれと
も男性かという区別に注目すれば，76.4％が妻や娘であり，夫や息
子というのは23.6％に過ぎず，およそ3対1で女性の比率が高い。
日本で介護に携わるのは圧倒的に女性なのである。でも男性もおよ
そ4分の1が携わっているので，昔と比較すれば男性で介護する人
が増加しているのである。

　同居していない親族に介護で頼る方法は，親族が時々通う方法に
加えて，主として毎日の介護はヘルパーなどの訪問介護，あるいは
通所看護に依存する方法がある。

　最後に登場する方法は，事業者がサービスを提供する介護施設に
住む方法である。例えば，特別養護老人サービス（通称：特養）や
民間の老人介護施設に入所して，有償による介護サービスを受ける
のである。入所時にいくばくかの権利取得金を支払うとともに，毎
月の介護費用を自己負担する。これら自己負担の一部は介護保険制
度からの給付で補填できることはいうまでもない。この方法はいわ
ばプロの介護サービスを，特定家族が主たる介護者であったところ
に，それに頼らない施設に入所しての介護の方法が日本でも増加中
であることを13.3％の数字が示している。

　今後を予想すれば，この比率は高くなるものといえる。その理由
は，家族による介護は介護者，被介護者の身体的・精神的な負担が

表 6 - 1　家族類型別一般世帯数の将来推計（2005～2030年）

（単位：1000世帯，括弧内％）

| 年　次 | 総　数 | 核家族世帯 | | | | 単　独 | その他 |
|---|---|---|---|---|---|---|---|
| | | 総　数 | 夫婦のみ | 夫婦と子 | 一人親と子 | | |
| 2005 | 49,063<br>(100.0) | 28,394<br>(57.9) | 9,637<br>(19.6) | 14,646<br>(29.9) | 4,112<br>(8.4) | 14,457<br>(29.5) | 6,212<br>(12.7) |
| 2010 | 50,287<br>(100.0) | 28,629<br>(56.9) | 10,085<br>(20.1) | 14,030<br>(27.9) | 4,514<br>(9.0) | 15,707<br>(31.2) | 5,951<br>(11.8) |
| 2015 | 50,600<br>(100.0) | 28,266<br>(55.9) | 10,186<br>(20.1) | 13,256<br>(26.2) | 4,824<br>(9.5) | 16,563<br>(32.7) | 5,771<br>(11.4) |
| 2020 | 50,441<br>(100.0) | 27,452<br>(54.4) | 10,045<br>(19.9) | 12,394<br>(24.6) | 5,013<br>(9.9) | 17,334<br>(34.4) | 5,655<br>(11.2) |
| 2025 | 49,837<br>(100.0) | 26,358<br>(52.9) | 9,762<br>(19.6) | 11,524<br>(23.1) | 5,072<br>(10.2) | 17,922<br>(36.0) | 5,557<br>(11.2) |
| 2030 | 48,802<br>(100.0) | 25,122<br>(51.5) | 9,391<br>(19.2) | 10,703<br>(21.9) | 5,027<br>(10.3) | 18,237<br>(37.4) | 5,443<br>(11.2) |

出所：橘木（2017a）。

大きいので，それを避けたいという希望はますます増加するものと予想できるからだ。そのときにカギを握るのは経済的な負担である。資金を豊富に保持している人とそうでない人の間で，介護を受けるサービスの質がかなり異なる可能性が高い。

### 介護保険制度の登場とその現状

　高齢者が要介護の状態になったとき，一昔前ではほとんどが，そして最近でも家族が介護にあたってきた。しかし家族の介護にも限界がある。例えば家族が働いて稼ぐことを諦めねばならないとか，介護の素人では適切な介護ができないとか，いろいろな問題が生じた。たとえ在宅の介護であっても専門家（ヘルパーなど）の支援に

第6章　介護保険制度

頼るようになった。あるいは介護の施設に入居するケースも増加してきた。このような場合には費用のかかることは当然であり，介護費用の負担をどうするかが大きな問題となった。こうした問題の解決に期待されたのが介護保険制度である。

　介護保険制度はもともとはヨーロッパで発祥した福祉制度として，医療保険とは別個に要介護になった人の経済支援を目的とした制度である。日本もそれに触発されて2000（平成12）年から出発した社会保険制度である。日本は基本的にはドイツの制度を踏襲している。なお参考までにアメリカにはこの制度はない。

　保険に加入するのは40歳以上の人であり，65歳以上の人を（給付を受ける資格がある）第一号被保険者，40歳以上65歳未満の人を（保険料を拠出する人）第二号被保険者と称している。保険料徴収額は定額である第一号者と，第二号者の間で保険料拠出額は異なるし，地域によっても異なるが，平均すると現在では月額4,000円強である。給付額はどの程度の介護が必要であるかという介護の深刻度に応じて額が決められているが，介護給付額のうち財源としては，保険料収入からのものと税金投入のものが半々となっているので，税・保険の折衷による財源調達制度と称した方がより正確である。

　ここで興味のある点は，1人当たり保険料拠出額が平均で4,000円強，1人当たり給付額が平均で25万円となるので，はるかに給付額の方が拠出額よりも大きい。これは保険料拠出者（すなわち要介護人ではない）の数が保険受給者（すなわち要介護人）の数よりもはるかに多いという保険原理が成立しているからである。さらに，既に強調したように税収が介護給付に保険料拠出額とほぼ同額投入されているからである。

105

日本の特色として，給付格差に注目すると，もっとも低い県で埼玉県の約19万円，もっとも高い県で沖縄県の約32万円となっており，およそ1.6倍の給付額の差が都道府県別に存在する。これほどまでにかなり大きな介護給付額における地域間格差が生じる理由は，要介護の認定率の差が地域によってかなり目立つからである。認定は市町村が調査員の面接，医師などの参加の下で要介護の認定とともに，水準の決定まで含めて行う。ここに各市町村の恣意性の入り込む余地がある。認定率に地域差がどれほどあるのか，ここで厚労省の『介護保険事業報告』によると，認定率の高い県は長崎県の21.1％に対して埼玉県は13.2％の低さで，およそ1.6倍の格差がある。なぜこれほどまでに地域によって認定率に差があるのか，介護サービスに従事する人々の数や質に関して地域間に格差がある。良好なサービスを提供できる地域ほど水準の高い認定を受ける確率の高まるのがありえる。当然逆のことも起こりうる。

# 2　介護保険制度をよりよくするために

## 介護制度の改革案

　日本における介護制度をよりよいものにするために必要な改革案をいくつか箇条書きにしておこう。これらは一般論としてよく主張されているのもあるが，私見によるものもある。

①　介護人の労働条件を良くすること
　介護の作業はさほど高い技能を必要としないので，ごく普通の体

第**6**章　介護保険制度

力と能力を持った人ならそれほど長時間の訓練を経験しなくとも従事できる。一番の問題は人のあまりやりたがらない作業を含むことにある。経済学は「補償賃金仮説」を用意して，わかりやすくいうと危険度の高い仕事，誰もやりたがらないきつくてつらい仕事などにはプレミアムを付与して，高い賃金を払うべし，というのがある。それほど技能の高くない作業をしているのだから介護人に関しては低い賃金でよい，という通念は破棄されねばならない。

　介護人の収入は月額で手取りが初任給で12～14万円，その後15～17万円前後になるとされるが，これとてボーナス込みで年収が250～300万円前後に過ぎない。年功で上昇する分は少ない職業なのである。もし正規社員ではなく非正規社員だとこれより安い収入とならざるをえない。もっと賃金を上げないと，人手不足に悩んでいる介護業界では介護にあたる人の十分な確保は不可能である。

　社会学において「やりがいの搾取」という理論があって，介護のような尊い仕事をしている人にはやりがいがあるので，低い賃金でもよいという発想をする。橘木・髙松（2018）ではこの理論を否定しているので，介護人の賃金アップ策を支持する。

　肝心なことは賃金アップの財源をどこに求めるかである。まず当然浮かぶ案は税収を財源にして賃金補助金を払う案である。「補償賃金仮説」は市場原理のみで決まる賃金額以上の賃金支払いを認めるので，その増加分を公共資金で賄うことには一定の根拠を有している。

　もう1つの案は，介護保険料を上げて財源の確保を図るのもあるが，介護保険に無関心の人が日本には存在しているので，導入は容易ではない。先ほど述べた税収による財源確保の方が受け入れられ

107

やすいのではないだろうか。

## ②　介護保険料支払い開始の年齢を引き下げる

　今まで介護保険料を支払い始める年齢を40歳にしていた理由には次のようなものがある。第1に，これまで日本に存在していなかった介護保険制度なので，導入時期においてまだその意義を理解していなかった国民に，いきなり保険料の支払いを強要することは困難であると判断していた。第2に，これは特に20歳代，30歳代の若い年齢層にとって，自分が要介護になるかもしれないことを想像すらできないので，保険料支払いを納得しないだろうと判断していた。

　制度が20年も経過して成熟したし，高齢化により要介護者の数が増加したので，財政赤字が予想できる。その解決手段の1つが保険料支払い開始年齢の引き下げである。これによって保険料徴収の総額を上げることができるし，先程述べた介護人への賃金補助金の財源としても使用が可能になるのである。

　なおこの年齢の引き下げ案には，特に若年層を中心にして反対論が強いかもしれない。自分が若い年代の頃から介護保険料を払い始めても，少子高齢化によって，自分が高齢になって要介護者になっても給付額が低いかもしれないとか，極端な場合には自分が高齢者になって要介護者にならないとき，払い損になる可能性があるので，介護保険制度に加入しない人がいるかもしれない。年金制度であればほとんどの人が年金給付を受領することになるが，介護の場合には要介護になる確率は50％以下なので，このように思う人がいても不思議はない。これに対する対応策は，保険制度とはこういう時には保険給付金を受け取らないことがありうる特質を有しているとい

うことを，国民全員にわかってもらえるような啓蒙活動が必要である。火災保険や自動車保険などの損害保険の場合には，事故がなければ保険の給付がないことは皆の知るところである。これと同じ論理が介護保険にはある，とわかってもらえる必要がある。

## 介護保険と医療保険の統合を議論してもよい

　高齢者が病気になって治療を受けると，医療保険からの給付は当然のことながら受けてよい。しかし病気が重傷であって自分１人で生活ができないとき（特に自宅療養のとき）には，家族やヘルパーなどから食事，排泄，入浴，その他の生活上の支援を受ける必要が生じる。こういう支援は本来は介護保険からの給付がなされるべきものである。ところが介護と医療の両方からの支給は，原則として認められていない。もとより例外規定はあって，場合によっては併用は認められているが，ここではそれがどういう場合であるかを詳しくは述べない。

　これに関して，医療と介護の現場では，医療給付に頼るべきか，それとも，介護給付に頼るべきか，それとも例外で認められている併用策を求めるべきかを巡って，混乱が生じていると聞く。生活上の支援にかかる費用は介護保険から，というのが原則であろうが，重病だからもし在宅治療であれば生活は自分でできないので，介護の支援を受けるのであり，介護保険の適用はあってもよいと考えられる。入院による治療であれば，生活上の支援を看護師から受けることが多いので，医療保険からの給付が多いであろうから，介護保険からの給付となるケースは少ないであろう。

　医療保険か，介護保険か，それとも例外規定の併用を求めるのか，

109

高齢者の医療・介護の現場ではどちらが得であるかを巡ってと，事務上と技術上の繁雑さが深刻との指摘が多い。これらの混乱を排除するために，論者によってはいっそのこと両者を統合すべきとの声もあるほどである。介護保険制度が設立されてから20年，後期高齢者医療制度が導入されてからほぼ10年しか経過していない今日において，介護と医療の両制度を統合する案を，いきなり実施するのは不可能であろう。しかし傾聴に値する案なので，ここしばらくは議論を重ねて，統合化が真に望ましいのか，あるいは個別の存在を認めた上でどう混乱を避けたらよいのか，あるべき姿を求めて議論を進める価値はある。

# 第7章
## 雇用保険制度

# 1 日本の雇用保険制度と失業給付

## 雇用保険制度とは何か

労働者が失業すると収入がなくなるので生活に困ることは必至である。失業中の所得保障制度として，わが国には雇用保険制度が存在している。失業中の所得保障であれば，失業保険という言葉が適当であるが，日本では従来は失業保険制度と呼ばれていたが，失業予防や雇用促進のための政策をも加味したいとして，名称を失業保険から雇用保険に1974（昭和49）年に変更したのである。本章では従来の失業保険による失業給付を中心に考察するので，失業保険という言葉が適当であるが，法律名は雇用保険法なので雇用保険という言葉を用いる。しかし，失業給付を話題にするときは失業保険を用いる。なお，諸外国の多くは今でも失業保険と称されている。日本の雇用保険制度をわかりやすく知るには三宅（2009）が有用である。

ここで雇用保険における失業給付以外の事業を簡単に述べておこう。それは雇用保険二事業と呼ばれるもので，第1は雇用安定事業であり，第2は能力開発事業である。前者は事業主に助成金を提供して，雇用を促進したり，あるいは中高年や女性を雇用する事業主を特に財政支援する事業を行う。後者は，在職者や離職者が職業訓練を受けるときの補助金支払いと，事業者が訓練を行うときの財政支援を行うものである。

確かにこれらの事業は雇用の安定と促進に寄与することが期待で

きるが，2つの問題がある。第1に，これらの所期の目的を達していないという一般理解がある。その理由については，本書の範囲を越えるので言及しない。第2に，雇用安定や促進のための事業を雇用保険の枠内で行うのではなく，一般税収を用いた別の制度で行うべきものと考える。換言すれば，労働者や企業の拠出する保険料を雇用促進や訓練費用の財源に用いるのは好ましくなく，税収で賄うのが正当である。

　ここで雇用保険制度における失業保険料の徴収と失業者への給付がどのような現状なのかを簡単に知っておこう。

　まずは事業主は国の管轄する労働保険制度に強制的に加入し，保険料を従業員と事業主が失業給付部分については折半で保険料を拠出する。ここで重要なことは，従業員数が5人以上の常時被雇用者が加入するのであり，5人に満たない事業主や，パート，アルバイトなどの非常勤者は加入していないことを知っておこう。現代の言葉を用いるなら，正規労働者のみに加入資格があり，週20時間労働に満たない非正規労働者には加入の資格が排除されているのである。

　日本企業においては，従業員が5人に満たない零細企業で働く人の数は多いし，週労働時間が20時間未満の非正規労働者の数も非常に多い。後者に関しては，今では全労働者の40％にまで非正規労働者の比率に達しているので，失業保険の恩恵を受けることのできない労働者の数は非常に多い。零細企業で働く人まで含めると，失業保険の枠外にいる労働者はおよそ50％前後に達しているのである。

　もう1つの厳しい条件は，労働者は続けて31日以上雇用されることと，失業給付を受けるためには最低1年間の雇用（すなわち保険料を1年間払っている）が条件である。これら2つの条件と，前に

述べた非正規労働者と零細企業排除をも考慮すると，労働者が失業した時に失業給付を受けることのできる人は，労働者の半分にも達しないのである。1つの結論を述べれば，日本の失業保険制度は全労働者を対象にした制度ではなく，半分以上の労働者が対象外にいるのである。失業保険は日本ではとても皆保険の中にいるとはいえず，むしろ少数派の人だけのものである。

そうすると，年金や医療といった社会保険制度も，労働時間が週20時間未満の非正規労働者は排除されていることになるので，これらの労働者は年金や医療という福祉の恩恵を受けない，あるいはセーフティネットの枠外にいると理解できる。しかし実態は失業保険ほど深刻ではない。年金制度に関しては，厚生年金制度には加入していなくとも，本人が望めば国民年金制度に加入する道が開かれているし，医療保険に関しては，夫なり妻が医療保険（組合健保，協会けんぽ，共済組合など）に加入しておれば，被扶養人として医療保険で保護される道が用意されているし，本人が望めば国民健康保険に加入する道も開かれている。失業保険に関しては，ここで述べたような代替可能な道なり制度のないことを理解しておきたい。

### 失業給付の現状

雇用の場を失う失業という現象は，少額の退職金を受ける以外は収入がゼロになる。たちまち生活に困るので，社会は失業保険制度を用意してセーフティネットを提供している。失業給付によってどれほどの給付があるのだろうか。それが生活保障につながるのかどうかの検証をしてみたい。

表7-1は，給付の額と給付日数を示したものである。ここに書

表7-1 一般求職者給付（異本手当等）

倒産，解雇等による離職者 　　　　　　　　　　　　　　　　　　　　（単位：日）

| 被保険者であった<br>期間<br>区　分 | 1年未満 | 1年以上<br>5年未満 | 5年以上<br>10年未満 | 10年以上<br>20年未満 | 20年以上 |
|---|---|---|---|---|---|
| 30歳未満 | 90 | 90 | 120 | 180 | ― |
| 30歳以上35歳未満 | 90 | 90 | 180 | 210 | 240 |
| 35歳以上45歳未満 | 90 | 90 | 180 | 240 | 270 |
| 45歳以上60歳未満 | 90 | 180 | 240 | 270 | 330 |
| 60歳以上65歳未満 | 90 | 150 | 180 | 210 | 240 |

一般の離職者 　　　　　　　　　　　　　　　　　　　　　　　　　　（単位：日）

| 被保険者であった<br>期間<br>区　分 | 1年未満 | 1年以上<br>5年未満 | 5年以上<br>10年未満 | 10年以上<br>20年未満 | 20年以上 |
|---|---|---|---|---|---|
| 全年齢 | ― | 90 | 90 | 120 | 150 |

出所：厚生労働省のホームページより。

いていること以外に，給付の条件には細かい規定が多くあるが，この表によって基本の姿を知るだけで十分なので，詳細には踏み込まない。

　まず第1に，給付額であるが，最低給付額の2,320円から最高額の15,020円までかなりの差があるが，その格差を生む要因は雇用期間（すなわち保険料を支払った期間）と退職直前のしばらくの間の賃金額の差によって生じるのであり，受給者に理不尽な給付格差を強要しているのではない。どれだけ保険料を拠出しているかが考慮されているので，合理的な配慮とみなしてよい。

　第2に，興味の持たれるのは，年齢によって給付額に多少の差が見られる点である。これは日本では年齢によって必要な収入額ないし生活費は異なるだろうという「生活給」的な考え方を失業給付に

も適用したのであり，不合理な措置ではない。「生活給」とは，人は年をとると結婚や子育てによる生活費，そして子どもの教育費や住宅の購入などで支出額が増加するという特色に対応したもので，欧米諸国にも多少はあるが，日本により特有な制度とみなしてよい。年功序列賃金はこの発想に一部依存したものである。

　第3に，給付率に注目すると，退職直前の賃金の低い人ほど給付率の高いのは，低賃金の人になるべく高い失業給付をしたいという発想に応じたものであり，低賃金の人ほど生活苦が深刻であろうとの配慮から生まれた性質なので，好ましい特色である。

　第4に，給付日数に注目すると，もっとも強調したい特色は，倒産や解雇という企業主導で発生した失業と，一般の離職者（すなわち自己都合という労働者主導）とで，給付日数にかなりの差がある。例えば20年以上の勤続年数の人に関しては，労働者主導の場合には最大150日（ほぼ5カ月）であるが，企業主導であれば年齢による違いはあるが，90日から180日の差の支給がある。企業主導と労働者主導の違いによって給付日数にかなりの差のある根拠は，労働者が自分から進んで離職するのは，本人の責任は多少あると解釈できるが，企業主導による失業は本人に責任がない，との差に依存している。

　この差については，アメリカの制度がこの解釈の妥当性を証明しているので，ここで述べておこう。アメリカの失業保険制度というのは，倒産，解雇，レイオフといった企業主導で発生した離職・失業に対してだけ給付を行うものであり，労働者の自発的な離職・失業には何も対策を講じないのである。当然のことながら，失業保険制度に保険料を拠出するのは企業だけであり，労働者は保険料を拠

出しない。多くの先進国においては，企業と労働者の負担割合は国
によって異なるが，企業と労働者の双方が保険料を拠出しているが，
アメリカはユニークな制度であり，企業だけが当事者なのである。
自分で企業を離職して失業するなら自分で責任を取れという，アメ
リカ流の合理主義である。

## 2　他の先進国との比較と経済効果

### デンマーク・フランス・ドイツ・スウェーデン

　ここで他の先進国との比較の上で，日本の失業保険制度の特色を
浮き彫りにしておこう。全先進国との比較は大変なので，ヨーロッ
パ諸国のうち代表的な国との比較を行っておこう。寛大な制度を
持っている国と必ずしもそうではない国を含めて，デンマーク，フ
ランス，ドイツ，スウェーデンの4カ国である。これらについては
労働政策研究・研修機構（2014）が有用である。いくつかの特色を
これらヨーロッパの国との比較で述べておこう。

　第1に，失業給付制度はすべての国で存在するが，国によっては
（例，フランスとドイツ）のように，失業給付期間を過ぎた失業者
とか無業で保険料を払っていなかった人には，失業扶助制度が存在
していて，失業者には手厚い生活保障がなされている。その他に例
えば，スウェーデンにおいては，失業扶助制度は存在しないが，失
業保険の枠内で失業扶助の性格（すなわち保険料拠出に依存しない
支給額）を持つ制度が用意されているので，これも手厚い保護にあ
るとみなしてよい。

第**7**章　雇用保険制度

　第2に，失業保険制度に加入できない労働者の存在は多くの国において見られるが，ドイツのように週14時間未満の人が加入できないのであるが，日本では週20時間未満であり，日本よりドイツの方が加入率は高くなる。他国においても加入の基準は日本ほど厳しくないので，加入率は高くなっている。

　第3に，意外なことにスウェーデンやデンマークは国家が主体ではなく，労働組合が運営主体なので失業保険は強制加入ではなく，任意保険である。しかし任意で加入していない労働者にはスウェーデンでは基礎保険としての強制保険があり，デンマークには失業者には公的扶助がなされるので，失業給付を受ける人の割合は日本より高い。

　第4に，失業給付の給付期間に注目すれば，ほとんどのヨーロッパ諸国は日本のそれよりもかなり長い。ベルギーのように給付期間に制限なしの国もあるが，デンマークは2年，フランスは4カ月から3年まで，ドイツは6カ月から2年，スウェーデンは単身者で300日，子どもがいると450日となっている。

　ここで見たようにほとんどの国において，失業給付の期間は日本より長いのであるが，その最大の理由は失業率が高いので，失業を経験してからその後に再就職できる確率が低く，従ってどうしても失業期間が長くなる傾向があることによる。

　逆にもう1つ日本の給付期間の短い理由として，失業率がヨーロッパ諸国と比較して低いというのに加えて，日本では失業保険にまつわるモラルハザードへの社会的な反感が強いこともある。すなわち，失業給付をもらいながらも求職活動を熱心に行わないといったことへの反感や批判が日本では強いので，当局は当然として給付

119

に厳しく対処するし，失業者の方もなるべく早く失業から離脱したいとする人が，全員ではないがかなりの割合で存在する。

第5に，失業給付の額に関しては，多くの国で従前賃金の60～80％が支給されているが，日本の給付置換率が平均で50～80％の範囲なので，ヨーロッパ諸国より格別に劣っているのではなく，やや劣位にあるという結論でよい。日本の劣位は，これまで述べてきたように失業期間がヨーロッパ諸国より短い，という事実から，生活苦はそう深刻ではないとの配慮がなされていると解釈できる。あるいは，失業給付を寛大にすると国民がモラルハザードを起こして，求職活動に熱心にならなくなることを避けているのかもしれない。

### 失業保険制度の経済効果

失業時の所得保障として失業保険制度（日本では雇用保険制度と称されている）が持つ様々な効果と限界をここでまとめて考えてみよう。

まずは失業保険の存在によって，失業する人がどれだけの恩恵を受けているのか，すなわち生活ができなくなるほどの被害を受けているかどうかに注目すると，答えは「ノー」である。本章で繰り返し述べたように，日本の制度はすべての労働者をカバーしている制度ではない，すなわち零細企業で働く人や労働時間の短い人は排除されているので，失業保険と無縁の人がおよそ50％はいるからである。

さらに，失業保険の給付額は平均で評価すると月額で15万円程度であり，賃金の低い人にとっては月額9万円ほどとなるので，単身

者は最低限生きていけるかもしれないが，子どもなどの家族がいれば生活は困難である。失業給付額が不十分な日本なのである。この対策としては2つがある。第1は，保険料を上げてもよいから給付額を上げる政策に期待がかかる。第2は，労働者全体に関係することとして，日本の失業保険給付額は低額であることをよく認識して，労働者としては日ごろから貯蓄に励んで，失業時の所得を自己で確保する準備が肝心である。

　経済効果の第2としては，経済学者の関心として失業保険の存在が失業者を必要以上に生む，換言すれば失業率を高めているのではないか，という疑問に立脚していくつかの学問的な研究がある。特に失業率の高い国，過去のアメリカや現在のイギリス，あるいはいくつかの大陸ヨーロッパ諸国でのこの問題への関心は高い。なぜならば，失業者は失業給付のある期間は求職活動に熱心にならずに失業であり続けるのでは，というモラルハザードを気にしている。特にヨーロッパでの長い失業給付期間の効果がそれを後押ししているのではないか，との危惧である。企業側に関しても，レイオフや解雇をしても労働者が失業給付で食べていけるのなら，何も恐れずにレイオフや解雇を簡単に行えるかもしれない。同じ動機でもって労働者からの抵抗もなく，レイオフや解雇に容易に走れるという予想があるからによる。

　ここでは細かい経済学研究の成果を詳しく述べるのではなく，多くの研究成果から得られる結論だけを述べておこう。まずは意外と思われるかもしれないが，失業保険の存在によって失業者の数は少しは増加しているが，大きな増加は見られていないと結論付けられる。これは現代の失業保険制度が促すところの負の効果は大きくな

いと判断してよい。

　むしろ興味深いのは，失業保険制度の充実している大陸ヨーロッパ諸国の方がこの負の効果は小さく，充実していないアメリカやイギリスといったアングロ・アメリカン諸国の方で負の効果が大きいと結論付けられるのである。アングロ・アメリカンの人々の方が制度の存在に敏感に反応するのに対して，大陸ヨーロッパの人々は福祉国家による福祉の充実はある程度当然と思っているので，制度への理解があるし，敏感に反応しないと判断できる。これに関して日本人の評価をすれば，そう恵まれていない日本の失業保険制度では人々は一部の人を除いてそう敏感に反応していないので，失業保険による負の効果を大きく心配する必要はないといえようか。

　第3に，とはいえ日本に関しては，既にみたように失業給付期間の短いことに特色がある。幸いにして日本人が失業保険給付に安住して給付期間中に真剣な求職活動をしないというのは一部を除いて見られないので，すなわちまだ勤労意欲は高いので，給付期間をもう少し長くする策は導入されてよい。

　この政策を背後から支持する根拠を述べておこう。最近の人手不足を反映して失業率は自然失業率（社会がどうしても避けられない失業率）程度までに低下しているので，雇用保険財政はかなりの黒字の状態にある。黒字であれば保険料率を下げる案もありうるが，それよりも失業給付期間を長くする案を勧める次第である。

　雇用保険財政に余裕を持たせる手段として，もう1つの政策手段がある。それは後に述べる児童手当（従来の子ども手当）の財源は雇用保険制度による保険料収入を充当しているのであるが，これも後に述べることであるが，児童手当の財源は一般税収を充当するの

第**7**章　雇用保険制度

が適切と判断する。これが達成されると，雇用保険制度から児童手当の支出をしなくて済むので，雇用保険財政は今まで以上に余裕が生じるのであり，失業給付期間の長期化策の財源として用いることが可能になる。

　第4に，今後の日本の雇用保険制度を予測すると，幸いにして楽観視することが可能である。これは少子高齢化の進行により，労働力不足が進行しているし，今後もそれが続く気配にある。そうすると失業率は過去にあった5％前後に達することはなく，自然失業率あたり（日本では2％前後）を動くであろうから，失業保険制度にそう悩まなくともよいと予想できる。従って失業給付期間の充実策はそう困難なく導入できると考える。むしろ雇用保険のことよりも充実を図らねばならない社会保障制度，例えば年金，医療，介護などの社会保険制度の充実に優先度があるといえようか。

# 第8章
## 生活保護制度

第8章　生活保護制度

# 1　貧困問題の深刻さ

## 貧困とは何か

人々が所得が少なくて食べていけないとか，あるいは生活に困る状態のことを貧困に陥っているとみなす。もう少し正確にいえば，人々は働いて収入を得るか，あるいは働かなくともなんらかの収入を得ているが，その収入が生きていくだけの生活賃金には足りないときが貧困である。この貧困の理解はよくわかる。しかし貧困を統計として計測するときは，所得の額で行うのではなく，食べることあるいは生活するのに十分な消費をしていないときを貧困とみなす考え方が日本では好まれている。概念としては消費の額で計測するのが日本の特色である。すなわち最低限の消費をしていない人が貧困者なのである。

しかし，実際にはその最低限の消費を保障する所得を貧困者を生む最低所得とみなして，最低所得以下の所得しかない人を貧困者と定義するのである。そして日本ではこの最低所得を生活保護基準の所得額とみなして，それ以下の所得しかない貧困者に，政府が生活保護支給を与えて貧困者が世の中に存在しないような対策を採用しているのである。本章の主題はこの生活保護制度の検討であるが，貧困と直接結び付いているので，まずは貧困の理解から始めるのが妥当である。なお生活保護制度についてわかりやすい書物は，杉村・岡部・布川（2008）が勧められる。

消費の数字で貧困者を認定するのが好ましいのか，あるいは所得

127

の数字で貧困者を認定するのか，一長一短があって容易に優劣は決定できない。消費であれば，人々の生活水準は消費で計測されることなので，貧困は現在の消費が生きていくだけの水準に達していない場合と理解してよく，貧困を消費額で認定するのは理に適っている。なぜなら，人々は所得を所費と貯蓄に配分するのであるから，所得額で認定すると生活水準を評価するに際して貯蓄の役割をどう考えたらよいのか，論点が残るからであり，所得を基準とすることのデメリットとなる。貯蓄は今の消費を犠牲にして，次期以降の消費に備えるものだからである。

　消費を基準としてよいもう1つの根拠は，総家計消費のうち食料品に何割を支出しているかに注目する「エンゲル係数」は，生活に最低限必要な食料品消費によって貧困者を定義するのであるから，貧困の基準としてもっとも妥当性が高く，消費を用いるのは経済学の理論上から支持される。

　ところが統計資料からすると，所得の方が消費よりも信頼性が高い。消費は細かい消費額を月額や年額に総計する手段を取るので，各家庭の詳細な家計簿が必要となる。これをすべての家計に期待するのは困難なので，家計消費の統計には誤差が多い。家計の所得の方が，雇用者に関しては給与明細書や源泉徴収票などを利用できるので，所得の把握の正確性はある。申告を中心とする自営業者の所得には信頼性に欠けるので，総じていえば日本では家計所得の統計の信頼性はそう高いとはいえないが，少なくとも消費統計よりは正確性は高い判断できる。

　このような一長一短はあるが，統計の信頼性に根拠をおいて，貧困者を認定する統計としては消費よりも所得を基準にしたものを用

第8章　生活保護制度

いるのが一般的である。

　もう1つ留意すべき点は，所得には課税と社会保障保険料の控除
をして，社会保障給付の追加を考慮した再分配後所得の所得と，こ
れらを考慮しない再分配前所得の双方があるが，生活自体に注目す
るのであれば，貧困の考察には再分配後所得を採用するのが一般的
である。なぜならば，再配分後所得は消費にまわせるからである。

　貧困率（国民の何％が貧困に苦しんでいるかの比率）には，大別し
て2つの概念なり方法がある。まずは絶対的貧困と称されるもので，
国民ひとり1人が最低限として餓死を防ぎ，生きていくのに最低必
要な食費，衣服費，住居費，光熱費などの合計支出を満たす所得以
下の所得しかない人を貧困者とする。一方は相対的貧困と称される
もので，国民全体の所得分配の現状を考慮に入れて，ある所得分布
の中で一定所得以下の所得しかない人に注目する。これは他人の所
得との相対比較に注目するのであり，計測上はその国の所得分布で
所得の高い人から低い人を順に並べたときのメディアン（中位の順
序にいる人）の所得（中位所得と称する）の半分にも満たない所得し
かない人を貧困者とみなす。

　前者の絶対的貧困の方が概念的にわかりやすいし，理に適ってい
るので，これに立脚する定義と計測が好ましいのは明らかである。
しかし，実際に計測するには，生活保護基準と同様に各家計にとっ
て必要な支出項目は異なるので困難である。すなわち，年齢，性別，
家族構成，地域によって必要な支出額は大いに異なるので，全国民
を代表とする所得の計測にはあいまいさが残るし，誤差を伴う。
もっともわかりやすい例は，北海道では冬の暖房費は必須であるが，
沖縄では不要であるし，子どもを抱える家庭では教育費は必須であ

るが，高齢者の家庭では医療費のウエイトが高くなる。

　相対的貧困はそういう性質には目をつぶって，一国全体の所得分配の中で他人よりもかなり所得の劣る人を貧困者とみなすので，計測上のあいまいさは絶対的貧困より少ない。相対的貧困のメリットは，国際比較をするときにすべての国が共通の定義と計測でなされているので，比較可能性が高くなる。現代では相対的貧困の方が各国でよく用いられている。なお日本は過去には絶対的貧困の概念を用いて計測した時代もあったが，今はなされておらず相対的貧困のみの計測である。他の先進国では絶対的貧困に立脚して計測している例は，アメリカなどで存在している。

### 最近の日本における貧困率

　最近の日本の貧困はどのような現状なのだろうか。表8－1は，いくつかの推計結果を示したものである。絶対的貧困の定義による貧困率推計が一昔前では主流であり，生活保護基準以下の所得しかないという絶対的貧困の定義による貧困率の推計も示している。1992（平成4）年と95（平成7）年の貧困率が17.6％と14.3％であり，すでにかなり高い貧困率が不況期に観測されている。98（平成10）年以降は中位所得の50％以下の所得しかない人を貧困者と定義した相対的貧困率で示されており，14〜16％というかなり高い数字の貧困率である。深刻な経済不況は多くの日本人が貧困で苦しんでいるという事情を明確に統計は示している。

　日本の貧困が深刻となっていると判断する理由には，次の2つがある。第1に，高度成長期，安定成長期の時代にあっては貧困率は5〜10％の範囲にあったので，現代の貧困率である14〜16％の数字

第8章　生活保護制度

**表8-1**　日本の相対的貧困率　(単位：%)

| 年次 | 中位所得の50%が貧困線 | | 生活保護基準が貧困線 |
|------|------|------|------|
| 1992 | | 15.2[1] | 17.6[2] |
| 1995 | | | 14.3[3] |
| 1998 | 14.6 | | |
| 2001 | 15.3 | 17.0[1] | |
| 2004 | 14.9 | | |
| 2007 | 15.7 | | |
| 2010 | 16.0 | | |
| 2013 | 16.0 | | |
| 2016 | 15.7 | | |

注1：橘木・浦川 (2006) 推計で，データは厚生労働省『所得再分配』より。
　2：杉村 (1997) より。
　3：小川 (2000) より。
出所：厚生労働省編『国民生活基礎調査』。

はかなり高い値と理解してよい。第2に，後に他の先進国での貧困率との比較表を示すが，日本の貧困率は主要先進国の中ではアメリカについで第2位の高い数字であり，国際比較上においても深刻な高さにいる，と理解できる。日本での一昔前との比較，そして他の先進国との比較，という2つの側面から，日本の貧困は深刻な状況にあると結論付けられる。ではなぜ2010年代に入って日本では貧困が深刻となっているのか，そしてどういう人が貧困で苦しんでいるかについては後に詳しく分析する。

　ここで他の先進諸国との国際比較を行っておこう。OECD はその国の所得分布において中位所得の50%以下の所得しかない人を貧困と定義する相対的概念を採用している。

　表8-2は先進国が加盟している OECD 諸国の貧困率を示したものであるが，日本の貧困率は，アメリカに次いで15%台という主

131

表 8-2　貧困率の国際比較（2016年）(単位：%)

| 国　名 | |
|---|---|
| 中　国 | 28.8 |
| 米　国 | 17.8 |
| 日　本 | 15.7 |
| スペイン | 15.5 |
| 韓　国 | 13.8 |
| イタリア | 13.7 |
| カナダ | 12.4 |
| オーストラリア | 12.1 |
| イギリス | 11.1 |
| ニュージーランド | 10.9 |
| ドイツ | 10.1 |
| オーストリア | 9.8 |
| ベルギー | 9.7 |
| スイス | 9.1 |
| スウェーデン | 9.1 |
| フランス | 8.3 |
| オランダ | 8.3 |
| ノルウェー | 8.2 |
| フィンランド | 5.8 |
| チェコ | 5.6 |
| デンマーク | 5.5 |
| アイスランド | 5.4 |

出所：OECD（Organisation for Economic Co-operation and Development）.

要先進国の中で第2位の高さである。

　ここで他の国の貧困率を言及しておこう。中国は OECD 加盟国ではなくパートナーにすぎないので，この高い数字を語ることはしない。しかも中国の統計の信頼性にはやや疑問符が付くのでなおさらである。

　貧困率の低い国は，デンマーク，フィンランド，ノルウェー，ア

イスランドといった北欧諸国であり，福祉国家の典型として当然といえる。なおスウェーデンだけは9.1%と北欧にしてはやや高い。イギリス，ドイツ，フランスといったヨーロッパの大国は，10%前後の数字なので，やや高い貧困率であるが，日本よりはかなり低い。

### 貧困者の増加した理由

　国内の貧困率の動向と国際比較から日本の貧困率の高いことが確認できたが，ここでその原因を探求してみよう。いろいろな理由を指摘できる。第1に，失われた20年あるいは30年と称されるように日本経済は深刻な不況が長期にわたって続き，失業者の数の増加と働いている人の賃金の低下が挙げられる。しかし最近になってやや経済は回復して，しかも少子高齢化によって働きたい人の減少により失業率は低下した。

　第2に，企業が生き残るためにリストラ政策の一環として，パート労働者，派遣社員，契約社員といった非正規労働者の数を増やしたため，現在では全労働者のうち，約4割弱が非正規労働者となっていることである。よく知られているように，これらの人の労働条件は，正規労働者と比較して，恵まれないのは事実である。特にそれらの人の賃金が低いので貧困者を生んでいる。

　第3に，少子高齢化に対応するための社会保障制度の改革である。年金制度や医療制度，介護保険などの社会保障制度において給付額が削減の方向にある。年金制度に注目すれば，現役の人の保険料アップと，引退した人の給付の削減策を採用し続けた。医療に関しても同じような政策をここ20年ほどとってきたため，再分配効果が

弱まった。従って，貧困者の数が増加することになった。

　第4に，国民一般の哲学的・論理学的な信条として，「リバタリアニズム」（自由至上主義）あるいは「新自由主義」という考え方を支持する人の数が増加した。したがって人々，そして企業の経済活動も自由であるべきとし，政府なり周りが種々の規制，あるいは所得再分配政策といった公共政策をいろいろ実施することを排除したのである。貧困者といった弱者は勤労意欲に欠けるといった自己責任論を言う人が増加したのも影響している。


### 誰が貧困者なのか

　ここ20年ほどの間に日本の貧困率が高まった理由はわかったが，ではその影響を受けて貧困者となったのは誰であるかを調べれば，それは高齢単身者，母子家庭，若者の3つに代表されている。実は，これに加えて病気の人，身体的・肉体的・精神的にハンディを背負っていた人もいるが，これらの貧困者はいつの時代にも貧困者なので，ここでは述べないことにする。表8-3は少し古いが世帯類型別と年齢階級別の貧困率と，それが全体の貧困率に寄与する比率を示したものである。現在でも同じ傾向なのでここで提示する。

　まず先に貧困への寄与率に注目してみよう。世帯別であれば高齢単身者が20％前後でもっとも高く，次いで高齢者世帯を除く単身者の寄与率が高い。年齢別だと70歳以上が30％を占めているのが目立つ。一方で若年層（29歳以下）の寄与率も高い。この貧困への寄与率という視点からすると，単身者がまず比率として高く，しかも年代の若い人と70歳以上という高齢者がその単身者の代表ということになる。

134

表8-3 世帯類型，年齢階級別の貧困率と全貧困率に対する寄与率

| | | 2001年 | |
|---|---|---|---|
| | | 貧困率 | 寄与率 |
| 世帯類型 | 核家族（子供3人以上世帯） | 8.9 | 2.1 |
| | 核家族（子供2人世帯） | 7.3 | 5.9 |
| | 核家族（子ども1人世帯） | 8.5 | 7.4 |
| | 核家族（子供0人世帯） | 10.8 | 8.5 |
| | 単身世帯（高齢者世帯除く） | 26.9 | 20.2 |
| | 高齢者2人以上世帯 | 20.5 | 11.6 |
| | 高齢者単身世帯 | 43.0 | 20.9 |
| | 母子世帯 | 53.0 | 4.7 |
| | 3世代世帯 | 8.4 | 5.6 |
| | その他の世帯 | 20.1 | 13.0 |
| 世帯主の年齢階層 | 29歳以下 | 25.9 | 11.5 |
| | 30〜39歳 | 11.3 | 8.7 |
| | 40〜49歳 | 11.9 | 10.6 |
| | 50〜54歳 | 11.5 | 8.3 |
| | 55〜59歳 | 12.6 | 7.5 |
| | 60〜64歳 | 16.0 | 9.9 |
| | 65〜69歳 | 19.4 | 12.0 |
| | 70歳以上 | 25.3 | 31.5 |

注：貧困ライン＝等価可処分所得の中央値の50％
出所：橘木・浦川（2006）。

　次はそれぞれの世帯類型と年齢に注目したとき，もっとも高い貧困率が高齢単身者の40〜50％を超える高い数字であることから，高齢単身者と母子家庭のうちおよそ半数が貧困に苦しんでいることを意味する。高齢者に関しては，年齢が65〜69歳と70歳以上の人の貧困率が20％弱と約25％の高さに達していることで確認できる。なお母子家庭については，寄与率では4〜5％の低い比率であり，絶対数では少ない貧困者の数字であるが，母子家庭の半数近くが貧困者なので深刻なのである。さらに母子家庭は年齢が幅広い層にまた

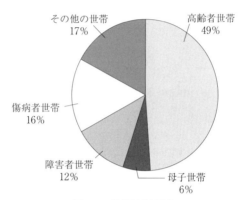

**図8-1** 世帯類型別割合
出所：厚生労働省「被保護調査」2015年4月。

がっているので，おそらく20代から40代にかけて多いと想像できる。

図8-1は，貧困者に支給される生活保護制度において，受給者の割合を世帯別に示したものである。これによると，高齢者世帯がおよそ50％で最大の比率，次いで傷病者，障害者が合計で28％で次いでいる。

ここで高齢単身者と母子家庭に関して，それらの人々のうち約半数が貧困にいるという衝撃的な事実に関して，高齢単身者の約7～8割は女性であることを強調しておこう。これと母子家庭が貧困者の象徴であるという事実と合わせれば，日本の貧困は女性に代表されるといっても過言ではない。

高齢単身者の貧困には様々な理由を列挙できる。第1に，一昔前であれば3世代世帯・住居で代表されるように，高齢者は成人した子どもと一緒に住んで家計をともにして，経済的に子どもに依存していた。その後3世代同居がかなり少なくなったし，家族間の絆も

第8章　生活保護制度

弱くなったので，高齢者は経済的に独立する傾向が強くなった結果，高齢の貧困者が目立ち始めたのである。

第2に，高齢者が経済的に独立すると，所得のソースは次の2つに限定される。まずは公的年金をはじめとした年金給付，病気しがちの高齢者の医療給付，そして介護給付などの社会保障給付である。次いで自己が勤労中に蓄えた貯蓄を取り崩すことによる所得と，資産保有による利子，配当である。前者に関しては，社会保障政策の弱体化が高齢者の所得を低下させてきた。後者に関しては，高齢者間の所得・資産格差は非常に大きくなったので，資産を少額しか保有しないか，あるいは保有しない高齢者に貧困者が目立つのである。

ここで高齢者にどれほどの資産保有額ゼロ（すなわち貯蓄保有額ゼロ）の人がいるかを簡単に見ておこう。それは金融広報中央委員会による『家計の金融行動に関する世論調査』（2018年）によってわかる。その結果によると，実に28.6％の高齢者が資産ゼロと報告されている。貯蓄を意図的にしてこなかった人なのか，あるいは所得が低かったので貯蓄にまわす余裕がなかった人なのか，その区別はわからない。しかし，かなりの高い比率の高齢者が，何か不時の不幸（例えば自然災害，交通事故，大病など）に見舞われたとき，すぐにお金の準備ができないのである。

これら高齢者に所得のないということまでは意味しない。年金給付などの所得があると思われるので，直に生活困窮に陥ることはないが，資産のないことは利子，配当などの所得はないことを意味するし，貯蓄の取り崩しもできないので，生活水準はとても低い（すなわち貧困者）というケースに陥りやすいと予想できる。

母子家庭に貧困者が多くなった理由にも様々ある。第1に，社会

137

に離婚者が増加したことが大きい。離婚数の増加は，家族の絆の低下という社会現象の一環として理解してよい。

第2に，離婚者は女性が世帯主として働くことになるのであるが，日本の労働市場にあっては男性と比較して圧倒的に不利な立場にいる。賃金を始め，好労働条件の仕事は女性には少ない。それに女性への差別もまだ消滅していない。より具体的に述べれば，母子家庭の女性の就ける仕事は正規労働ではなく非正規労働が大半である。これらの人の労働条件の悪いことは低賃金も含めて既に述べた。

第3に，母子家庭は子育てにも当たらなければならず，残業などの労働時間を長くすることは困難である。母子家庭の女性が長時間労働によって収入を高くすることは不可能である。それに子どもの養育費が必要であり，子どもが学齢期であれば教育費を支出せねばならず，必要経費が高くなるので生活が苦しくなる可能性が高い。

高度成長期にあっては，若者（特に中学校を卒業して社会に出た人）は「金の卵」と称され，彼らへの労働需要は高かったので，職がないということはなく，確かに年功序列の下で賃金は低いところから始まるにせよ，貧困に苦しむということはなかった。ところがここ最近の20年間にわたる経済の不況期に入ると，若者が打撃を受ける時代となった。まず若者が失業率の高さに苦しむようになる。日本の失業率は不況期に4～5％の高さになっていたが，若者の失業率は10％を超える深刻さとなり，貧困者となる若者が増加した。即戦力の人を雇用しようとして，未熟練の若者を雇用しなくなって，多少景気は上向いたとしても若者への労働需要は高まらなかった。

でもここごく最近は人手不足が深刻になったので，若者への労働需要は増加し，一昔ほど若者は職探しに苦労していない。むしろ深

刻なのは，20～30年前の不況期に職を探していた若者が，中年に
なった今でも職がないか，あったとしても賃金の低い非正規労働に
しか就いていない問題がある。

### 今後をどう予想するか

　日本の貧困率の高いことをいろいろ議論したが，今後を予想すれ
ばどうなるであろうか。貧困率の高い現状とその理由がそのまま続
くのだろうか，という考察である。

　まず，日本の高成長経済は望めないが，幸か不幸か少子化が進ん
で労働力不足が予想されており，これは貧困者の排除に貢献するも
のと思われる。企業の採用意欲は高まっており，失業率は低めで進
行するだろうし，非正規労働者の比率も減少するだろう。これらの
人の時間当たり賃金率も上昇の傾向を示すようになるであろう。こ
れは確実に失業者の減少と，低賃金労働者の賃金増をもたらすので，
好効果が期待できる。

　とはいえ，少子高齢化の進展と低成長率の経済は，本書で述べた
ように社会保障制度の劣悪化をもたらすであろう。社会保障財政の
悪化は一層進むであろう。労働力不足が深刻なので企業の採用活動
なり好労働条件の提示はありうるが，企業と政府は社会保障制度を
受給者にとって恵まれた制度に改革しようとする意思が弱いと予想
する。

　もう1つ深刻な事情は，本章で強調したように日本人が「新自由
主義」を好む傾向が強くなり，貧困者という弱者を支援すべしとい
う思想に共鳴しない人が増加した。この現象は，政府への社会保障
政策を改革させないように仕向けるし，弱者の労働条件の改善を強

力に推し進めるという声につながることはない，と予想できるのである。貧困者はその人々の自己責任に帰させられるようになっているので，周りからの支援の必要性を主張する声にならないのである。

最後に留意事項がある。既に述べたことであるが，日本では生活保護制度が発動される前に，家族・親族（二親等以内，時には三親等も含む）が経済支援をする義務があると法律で定められている。当局は家族・親族に経済支援をするだけの経済的余裕があるかどうかを調べて，さらに実際にそれをする意思があるかどうかを確認している。日本では高齢者や貧困者の経済支援や看護・介護はまず家族が行うべしという伝統的な規範があり，家族の絆に期待していた。しかし現代では家族の絆はかなり揺らぎ，家族のいない単身者も多いことから，家族・親族には期待できない時代になっている。そうであれば自助か公助に頼らざるを得ず，生活保護制度は貧困者の支援策として有力な候補なのである。実際に候補となりうるかは次に論じられる。

# 2　生活保護制度は必要か

### 貧困者の増加と生活保護制度

貧困に苦しむ人に政府が現金支給による生活支援を行う制度が生活保護制度であり，1946（昭和21）年に成立した生活保護法がその起点である。戦争後の経済混乱期に貧困に苦しむ人に最低生活保障を行う制度が始まりである。この法律は何度も改定されて現在に至っているが，国民を生活苦から解放してきた制度として，役割を

第8章　生活保護制度

果たしてきたと率直に評価しておこう。

　戦後の創設から現在まで，生活保護制度はどのように発展してきたのであろうか。図8-2は被保護世帯数，被保護人員，保護率の推移を示したものである。図8-3は保護基準額，その算定方式，標準世帯の変遷を示したものである。

　戦後の被保護世帯は70万世帯前後，被保護人員は200万人前後，保護率は20％台という高さであった。戦後の経済大混乱期では貧困者の数が多かったことを如実に物語っている。その後日本経済は高度成長期に入って国民所得が上昇したことにより，生活保護の規模はかなりの程度縮小する。

　1975（昭和50）年から85（昭和60）年あたりまではほんの少し規模を増加させるが，その後に保護率，被保護世帯数，被保護人員ともに急激に低下する。それが1995（平成7）年あたりまで続いた。この低下を説明する理由は2つある。第1に，1970年代のオイルショックによる不況から日本経済は立ち直って安定成長期に入った。第2に，政府と国民の間で生活保護行政が甘い（すなわち貧困者の認定が厳格ではなく，必要のない人までに支給を行っている）という認識と批判が高まったので，生活保護の認定を厳しくする政策が導入された。

　ところが1995（平成7）年あたりから，生活保護の規模は急激に拡大することになる。2014（平成26）年には被保護者数が220万人前後に達して，戦争直後の数を追い越すという時代となった。日本経済は20年とも30年ともいえる低成長という大不況期を続けており，家計所得は増加しないし，時には減少することもあった。

　最近でも高い保護率であるが，既にみたように，高齢単身者や母

141

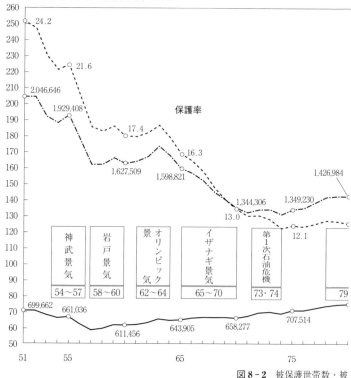

図8-2 被保護世帯数・被

資料：ナショナルミニマム研究会第2回参考資料。
出所：岩永（2011）より。

子家庭は貧困者の中心をなしており，貧困者を多く生む要因となった。貧困者の数が増加すれば，生活保護制度の規模が拡大することは自然な成り行きである。

　図8-3について一言述べておこう。保護支給額はコンスタントに上昇したが，ここ20〜30年は低成長を反映して上昇率は低かった。

第8章　生活保護制度

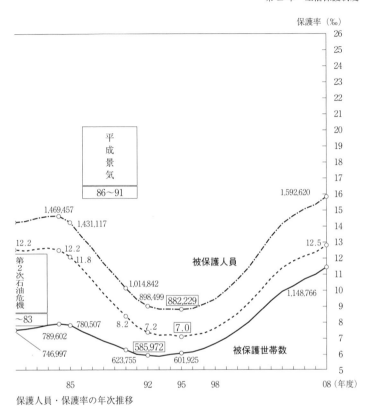

保護人員・保護率の年次推移

標準世帯人員は核家族化と少子化を反映して減少したし，細かい説明は省略するが，支給額の算定方式は5種類を経験した。

### 保護制度の実際上の課題

次の関心はどういう方法で当局が貧困者を見つけるかということ

| 区分 | 実施年月日 | 基準額 | 標準世帯 | 算定方式 |
|---|---|---|---|---|
| 第1回 | 1946.3.13 | 199.8 | | |
| 第1次 | 1946.4.1 | 252 | | |
| 第2次 | 1946.7.1 | 303 | | |
| 第3次 | 1946.11.1 | 456 | 五人世帯 | 標準生計費方式 |
| 第4次 | 1947.3.1 | 630 | | |
| 第5次 | 1947.7.1 | 912 | | |
| 第6次 | 1947.8.1 | 1,326 | | |
| 第7次 | 1947.11.1 | 1,500 | 48.8.1 | 48.8.1 |
| 第8次 | 1948.8.1 | 4,100 | | |
| 第9次 | 1948.11.1 | 4,535 | | |
| 第10次 | 1949.5.1 | 5,200 | 1歳男、9歳男、64歳男、5歳女、35歳女 | マーケット・バスケット方式 |
| 第11次 | 1951.5.1 | 5,826 | | |
| 第12次 | 1952.5.1 | 7,200 | 標準五人世帯 | |
| 第13次 | 1953.7.1 | 8,000 | | |
| 第14次 | 1957.4.1 | 8,850 | | |
| 第15次 | 1959.4.1 | 9,346 | | |
| 第16次 | 1960.4.1 | 9,621 | 61.4.1 | 61.4.1 |
| 第17次 | 1961.4.1 | 10,344 | | |
| 第18次 | 1962.4.1 | 12,213 | | エンゲル方式 |
| 第19次 | 1963.4.1 | 14,289 | | |
| 第20次 | 1964.4.1 | 16,147 | | 65.4.1 |
| 第21次 | 1965.4.1 | 18,084 | | |
| 第22次 | 1966.4.1 | 20,662 | | |
| 第23次 | 1967.4.1 | 23,451 | 標準四人世帯 | |
| 第24次 | 1968.4.11 | 26,500 | | |
| 第25次 | 1969.4.1 | 29,945 | 9歳男、35歳男、4歳女、30歳女 | 格差縮小方式 |
| 第26次 | 1970.4.1 | 34,137 | | |
| 第27次 | 1971.4.1 | 38,916 | | |
| 第28次 | 1972.4.1 | 44,364 | | |
| 第29次 | 1973.4.1 | 50,575 | | |
| 第30次 | 1974.4.1 | 60,690 | | |
| 第31次 | 1975.4.1 | 74,952 | | |
| 第32次 | 1976.4.1 | 84,321 | | |
| 第33次 | 1977.4.1 | 95,114 | | |
| 第34次 | 1978.4.1 | 105,577 | | |

第8章　生活保護制度

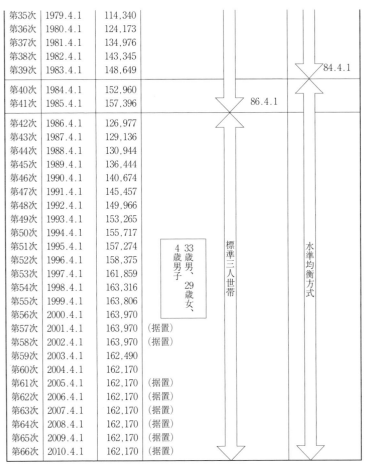

図8-3　生活扶助基準額の年次推移

資料：生活保護制度研究会監修／生活福祉調査会（2009）『保護のてびき　平成21年度版』を
　　もとに，岩永（2011）作成。
出所：岩永（2011）。

と，実際にそういう人に支給がなされているかの検討である。

　当局が貧困者を認定するのは，まず本人からの申請でスタートする。これを生活保護制度における申請主義と呼ぶ。もし申請がないと，生活保護の発動はないのである。ここでいくつかの問題が発生する。第1は，貧困者は生活保護制度の存在を知らないことがある。第2に，制度の存在を知っているとしても，政府から経済支援を受けることを恥と感じて，自ら進んで申請しようとしない人がいる。これを生活保護におけるスティグマ（恥辱）問題と呼ぶ。

　次のハードルは，詳細なミーンズテスト（資産調査）が待っている。本人の所得や資産の細かい状況は当然として，家族・親族の経済状況が調査されるし，家族・親族に支援の意思があるかどうかが確認される。

　論点になるのは，資産調査によって本人がどういう財をどれだけ保有しているかとか，もし勤労世代であれば勤労意欲をどれだけ持っているかの判断に関することである。前者に関しては，一昔前であれば一定額の貯蓄を保有していたりクーラーの保有者であれば，さらに子どもが高校に進学しておれば，生活保護支給は認定されなかった。さすがこれらの条件は厳格すぎると緩和された。後者に関しては，働く気のない人への生活保護支給を避けるための措置である。これを判定するのはかなり困難であることは，誰にでも理解できよう。不正受給の問題がマスコミや社会を賑わすのも皆の知る通りである。

　次に，捕捉率がどの程度あるか，数字で理解しておこう。捕捉率とは，生活保護基準以下の所得しかない人のうち，何％の人が実際に生活保護支給を受けているかの比率である。細かい数字を示さな

第8章 生活保護制度

いが，日本に関しては，捕捉率が10％前後から20％前後の低率に抑制されていることがわかっている。所得が生活保護基準以下しかない貧困者であっても，実際には1割から2割の人しか生活保護支給を受けていないのである。参考までに欧米諸国の捕捉率と比較すると，イギリスでは80％と高い値であり，ほとんどの貧困者が生活保護を受けているし，アメリカも60％を超えており過半数が受給している。もっとも捕捉率の低いドイツでも37％であり，日本よりも2倍ほど高い比率で政府から貧困者は経済支援を受けている。日本の生活保護制度が貧困者をうまく認定せずに，きわめて不十分にしか支給を行っていないことがわかる。なぜこれほどまでに低い補足率であるか。まとめると次のようになる。まずは自らの意思から申請しない人がいる。ミーンズテストが厳しいので事務の繁雑さを嫌う。親族に支援できる人がいれば給付しない，などがある。捕捉率の低さから評価する限り，日本の生活保護制度は貧困者の認定と救済にそれほど役立っていないのである。

1946（昭和21）年の旧生活保護法はGHQ（連合国軍最高司令官総司令部）による指針の下に，厚生省が実質的に法律を作成し，施行されたものである。民生委員が生活困窮者を認定して，そういう人に生活保護基準に達するまでの額を現金支給するものである。ここで重要な概念は生活保護基準である。人々が最低限の生活を送ることのできるための所得額はこれだけ必要である，という概念であり，これ以下の収入しかない人は貧困者とみなされ，政府が生活保護を発動する基準の額，貧困線という言葉で代用してもよい。細かいことは述べないが，家族の人数に応じて，生きるに必要な最低栄養摂取量を確保する食料品，衣服，住居費，光熱費などの最低水準を算

147

定したのである。既に述べた絶対的貧困に近い算定方法であった。

　生活保護制度は何度も制度改革がなされたが，その細かい変換は岩永（2011）に譲る。もっとも重要な改革は，1950（昭和25）年に施行された新生活保護法である。生きるための生活扶助に加えて，住宅扶助と教育扶助が設定された。前者は住むための家賃補助を目的とし，後者は母子家庭においても義務教育は必要な教育の費用が支給されるべしと考えたのである。同時に医療扶助額の増加が目立つ時代となり，岩永（2011）によれば1953（昭和28）年になると，生活保護費の中に占める医療扶助額が生活扶助額を超えるようになったことを指摘している。

# 3　貧困者をなくすためには

### 公的年金制度の充実

　生活保護制度が貧困者の削減に寄与していないことがわかったが，では他の制度があるかどうかを検討してみよう。高齢者の貧困が深刻であることは既に強調したが，高齢者の所得源泉に関しては，公的年金の占める比率が80％を超していることに鑑み，これを充実すれば貧困者数は減少する。

　ここで重要な政策提言が登場する。深刻な高齢者の貧困問題を解決するには，公的年金制度に頼る策が望ましい。同様に医療・介護保険の充実策も重要であるが，公的年金制度がはるかに重要である。3つの有力な根拠がある。

　第1は，一層の公的年金制度の充実策は高齢者の所得を増やすの

第8章　生活保護制度

で貧困を排除するのにきわめて有効である。ただし，これは保険料を充分に払ってもらってからのことなので，これから引退する現役の労働者には有効であるが，既に引退している高齢者の貧困対策としては，他の方法で償うしかない。消費税率を上げて年金給付額の少ない高齢者には，一時的にせよ給付額を少額であっても増加する策がありうる。具体策は第3章で「年金生活者支援給付金」の充実策を提唱した。

　第2の根拠は財源に関することである。生活保護支給のための財源は貧困者でない国民の拠出する税であるのに対して，公的年金の給付は税収もかなりは充てられているが，保険料収入が主である。生活保護制度には不正受給などがあるので，納税者の関心は高いことから，生活保護のための納税には拒否反応すらありうる。

　第3の根拠は，生活保護制度は誰が真の貧困者なのか，すなわち有資格者かどうかを認定するのに手間，費用，人員が相当かかり，いわゆる管理費用が大きい。一方で，公的年金制度は保険料拠出の記録がある限り，受給の決定に手間，費用，人員などははるかに小さくて済む。もっとも，10年ほど前に保険料拠出に記録上のミスが多く見つかって，社会的に大問題になったことがあったので，当局には事務管理をしっかり行なってもらう義務がある。

　第2と第3の点をまとめれば，生活保護制度を公平に運営するにはあまりにも複雑で，実施に費用が掛かるが，公的年金制度の運営は自分の拠出額を引退後に回収するという性質から，単純明快な基準である上に，費用は生活保護ほどかからない。

　同様なことは医療保険制度の充実によっても成就される。高齢者を始め現役の人にとっても，医療給付があることによって，家計所

149

得を高めるので，人々を貧困に陥れる可能性を低めているので，それを充実すれば貧困者の数を減らすことができる。しかも医療保険の財政は単年主義で運営されている側面が強いので，公的年金のように既に引退した人に起こる問題はない。介護保険制度の充実も同様の効果がある。

　年金，医療，介護の諸制度における改革案についてはそれらの章で具体的に述べたので，ここでは再述しない。要はこれらの改革が成功すれば，生活保護制度の役割はかなり低下してもよいのである。

## 最低賃金制度の充実

　高齢貧困者をなくすには公的年金制度，医療・介護保険制度の充実策がもっとも効果的と主張したが，次は引退前の勤労世代の貧困である。ワーキングプアと称されて，働く世代でありながら貧困で苦しむ層が増加しているのが現状である。働く場所のない失業者に関しては，これらの人に仕事が与えられて働くことにができるようにして，賃金・所得を得られるようにすることが肝心である。雇用を増加して失業者の数を減少させる政策については，失業の解明をも含めて経済学の長い歴史があり，そのことをここで本格的に論じることは本書の範囲を越えている。もっとも，失業保険制度の充実策は既に論じたと記しておこう。

　むしろ働く世代の貧困，ないしワーキングプアをなくすための政策として，最低賃金制度の充実策がきわめて有効であることを強調したい。たとえ働く機会のある労働者であっても，働いても低い賃金しか得られない場合が多く，日本では１カ月の生活保護支給額が，最低賃金額を受けながら１カ月フルタイムで働いても，働く人の総

150

賃金額より多い，という事実が過去にはあった。働かない人の所得が働く人の所得よりも高いというのは，多くの人が不合理と感じるであろう。ただし働けない人への支援の必要性を忘れてはならない。

　もとより最近になってこの逆転現象はなくなったが，その上昇した最低賃金額であっても，生活できない額であることは衆目の一致する点である。そこで最低賃金額はもっと上げねばならないのである。母子家庭においても，女性の賃金が上昇すれば，貧困の削減に有効であると認識しておこう。

　ところで，最低賃金額を引き上げる案は，企業経営者から強力な反対論があり，経営側，労働側，中立者の三者からなる最低賃金制度審議会は，経営側の意向が強く反映されて，最低賃金を低く抑えてきた歴史がある。しかし民主党政権になってから最低賃金は一昔前と比較すればかなり上げられているし，自民党政権もこれを主張しているので，今では1時間当たり900円前後の額になっている。この額でもヨーロッパの国よりかはかなり低いので，1,500円程度まで上げることを提唱したい。ところが最低賃金のアップには，繰り返すが経営側の抵抗が強い。

　どういう理由により経営者は最低賃金額のアップに応じないのであろうか。第1に，労働費用が高くなるので企業経営が苦しくなり，倒産してもよいのか，という声の大合唱がある。特に中小企業の経営者にこの声は強い。第2に，現在の雇用者を解雇せねばならないか，新しい人を新規に雇用できなくなる。世の中に失業者が増加してよいのか，という声なのである。ここで第1と第2で述べた点は，労働経済学界においても論争点であり，どちらかといえば失業率の増加につながるとの研究がやや多いが，確固たる結論はまだ得られ

ていない。第3に，最低賃金に近い低い賃金で働く人には，既婚女性のパートタイマーや若者が多いのが事実であるが，こういう人には家庭内で背後に夫や親がいるので，夫や親の所得で経済支援があるだろうから別に経済的に苦労していないとみなしてよく，賃金は低く抑えられてよいという声もある。

### 非効率企業の退場を

働いても賃金の低いことによって貧困に苦しむ人をなくすには，働くことによって得られる賃金を上げることがもっともわかりやすい政策である。法定による最低賃金の額を生活保護基準（貧困ライン）以上に上げれば，低賃金の労働者の賃金が上がるので，貧困者の数が減少することは明らかである。最低賃金はかなり上昇したが，まだ生活を充分にできる額にまで達していない。

そこでここでは発想の転換をすることを主張したい。企業の倒産は絶対に避けねばならないのだろうか，ということを考えてみよう。むしろこういう非効率性の高い企業は倒産（あるいは市場からの退場，ないし自らの休業・閉鎖という言葉を用いてもよい）してもらった方がよいのではないだろうか。労働者に食べていくだけの賃金を払えない企業はそもそも効率性の低い企業なのであろうから，そういう企業を社会で温存しておく必要はない，という考え方に近い，むしろ効率性の高い企業に新規参入してもらって高い賃金を出してもらうことに期待する策が好ましいともいえる。これは一見「新自由主義」ないし「市場原理主義」に忠実な経済思想に思えたので，筆者はこの説を主張することにためらいがあった。

しかし世界の社会保障の歴史を研究すると，イギリスのフェビア

ン社会主義の代表者であったウェッブ夫妻が，19世紀後半から20世紀の初頭にかけて，最低賃金を上げるには，非効率的な企業に退出してもらって，効率性の高い企業の新規参入を図ることが勧められる，と主張しているが，こういう意見のあることを紹介しておこう。

もう1つの例を挙げれば，1960年代から現代の北欧諸国においては，企業の新陳代謝，すなわち頻繁な退出と参入が必要であることが容認されている。これに関しては，例えば翁他（2012）を参照されたい。企業が新陳代謝することによって，新技術の導入や新しい生産方法への取り組みがなされ，企業の生産性が向上する可能性が高まるのである。そうすると，企業は労働者に高い賃金を支払うことができるのである。

さらに北欧諸国では労働者側にも企業を移るということに抵抗感のないことも，企業の新陳代謝の発生を側面から助けたのである。すなわち倒産や閉鎖した企業から新しい企業に移るのに抵抗がないのである。そして政府はこういう企業を移る労働者には積極的に職業訓練を施して，技能の引き上げに貢献することに熱心であり，新しい企業が未熟練の労働者ばかりということを避けているのである。

効率性の低い企業は市場から退出してもらい，効率性の高い企業に新規参入してもらうことが，その国の経済を強くするのみならず，最低賃金のアップ策につながる，という一石二鳥の好効果に期待できるのではないか，というのがここでの提言である。なぜ日本において企業の倒産や閉鎖が進まないのか，1つの理由として経営者は自分の企業に愛着が強過ぎて，経営の失敗を大きな恥と感じるからである。冷静に考えれば，既存の企業にしがみつくよりも，新しい企業経営の方が苦労はあるだろうが，うまく進む可能性が高いので

はないだろうか。

### 給付付き税額控除策

　別の発想から，貧困者をなくす政策が最近になって主張されている。それは給付付き税額控除策と呼ばれるもので，起源をたどれば負の所得税の発想である。これは所得の低い人に税を還元する案である。負の所得税は保守派の経済学者のミルトン・フリードマン夫妻（Milton Friedman：1912～2006, Rose Friedman：1910～2009）が主張した租税制度であり，イギリスやアメリカといったアングロ・サクソン諸国で人気があるし，この制度はすでに英米やカナダで導入されている。メリットとしては働いて稼ぐことが条件になるので，生活保護制度のような，例えば働かなくなるといったモラルハザードの発生は排除される。

　貧困者対策としては，伝統的には次の2つによる大きな流れがあった。第1は，日本の生活保護制度で代表されるように，税収を財源にしての現金給付や，アメリカのフードスタンプで代表されるように現物支給をする方法である。第2は，本書で既に主張した年金，医療，介護，失業などの社会保険制度の充実によって，社会保険給付を多額で行う方法である。

　第1の方法に関しては，生活保護制度への批判が強くなった。第2の方法は，保険制度が充実すると，社会保険料や税拠出が高くなることによって，労働者の勤労意欲や企業の設備投資意欲を阻害するので，経済活性化にマイナス効果が生じるとして，福祉の充実そのものへの懐疑論が強まった。

　給付付き税額控除策はこれらから逃れることが可能なので，台頭

することとなったのである。負の所得税とは、低所得者が生活できない所得しかないのであれば、政府が税を還元（すなわち給付に等しい）してその人々の所得を上げる政策である。ここでは働くということが条件になっている。働いても生活の苦しい状況を排除するための制度といってよく、生活保護制度のように働かなくとも政府から給付を受けるといった、いわゆるモラルハザードを招きかねない制度と比較すると、働くことが条件になるので納税者や国民の納得を得られやすいのである。

### ベーシックインカムの経済思想

生活保護制度や給付付き税額控除制度に代替するものとして、ベーシックインカムは、必ずしも働くことを条件にせず、シティズンシップ（市民権）さえあれば国民1人ひとりに、無条件に一定額の現金を支給する策である。もう1つ重要なことは、その人が富裕層か、貧困者か、無収入かを問わず、すべての国民に一定額を支給する制度であるし、その支給額の使い方の内容についても条件を付けない、という特色を示している。この制度の運営には厖大な支給額の財源をどのように調達するのか、働いていない人への支給は働いている人からすると不公平ではないか、との批判がある。働いている人に財源の負担を求めるので、現に働いている人が労働時間を削減したり勤労意欲を失うかもしれず、これは経済を弱くする効果がある。これらの課題を克服することは容易なことではなく、ベーシックインカムの構想はまだどこの国でも本格的に導入されたことはない。

しかし、例外がないわけではない。それはなんと日本である。

155

2009（平成21）年の自民党政権時代に，「定額給付金」として国民全員と外国人登録をしている1人ひとりに，1万2,000円（65歳以上と18歳以下の人は2万円）を支給したことがある。貧困救済のためとすればはるかに額は少ないので，とてもベーシックインカムとは言えないが，働いているかいないかに関わりなく国民の全員に支給されたので，その精神はある程度活かされていると理解できる。

とても興味深いことは，このベーシックインカムの経済思想を支持する層は，政治勢力として左右両派，しかもやや極端な左右勢力の政治思想を信じている人々であり，思想的な中間層からの支持はほとんどないことにある。

左翼あるいはハト派が支持する理由は，平等思想を信じることと弱者救済を目的とすることから，生活苦の人々への所得給付を認めるのである。右翼あるいはタカ派の支持する理由は，生活保護制度や種々の社会保障制度には制度の運営上であまりにも問題が多いので，一定額（それもかなり低い額）をそれらの人に支給して，貧困者を助ける姿勢を示して，その額で足りない分は自分で働いて稼げ，という魂胆がある。中間層が賛成しない理由は，先に筆者が列挙したベーシックインカムの欠点（巨額の財源調達や不公平感，経済へのマイナス効果など）を重視するからである。

筆者はベーシックインカムの理想的な考え方，すなわち国民から貧困者をなくすために，働くことのできない世代にだけ，すなわち，子どもと65歳以上の高齢者に一定の給付を行うという案，すなわちベーシックインカムの限定版を主張した。これについては，橘木（2015）参照してほしい。具体的には，「子ども手当」あるいは「児童手当」の額をそれらの人が食べていける額（額の計算はしていな

第 8 章　生活保護制度

い），そして高齢者には基礎年金額を一組の夫婦あたり月額17万円，
1 人であれば月額 9 万円を支給するものである。

# 第9章
## 子育て支援制度

第**9**章　子育て支援制度

# 1　出生率の低下の中で

### なぜ子育て支援策か

　従来の社会保障の教科書においては，子育て支援策に関する章は
さほど設けられていなかったが，最近に至ってちらほら散見される
ようになった。なぜ子育て支援策への関心が高まったのだろうか，
換言すればなぜこれが重要な政策となっているのであろうか，とい
うのがここでの目的である。子育てに関することと保育についての
全般を知るには近藤（2014）が有用である。

　第1に，よく知られているように日本の出生率は低下の一途を歩
み，少子高齢化が深刻になっている。年間あたりの出生数は，1949
（昭和24）年というベビーブームの頂点では269.7万人，1973（昭和
48）年では209.2万人，直近の2017（平成29）年では100万人を切っ
て，94.6万人まで落ち込んだ。合計特殊出生率（1人の女性が生涯
に生む子どもの数）では，1947（昭和22）年で4.54人，1974（昭和
49）年で2.05人，2017（平成29）年では1.43人にまで落ち込んでい
る。出生数と出生率の低下は明らかである。

　なぜ出生数の低下がここまで落ち込んでいるのか，様々な理由
（例えば，未婚率の上昇，初婚年齢の先送り，女性の高学歴化と労働参加
率の上昇，子育てに悩む程度の増加，子どもの教育費の増加など）は多
岐にわたるが，重要な理由として子育てには大変な費用が掛かるの
で，出産可能な年代の人の経済的な苦しさが指摘される。これを和
らげるための子育て支援の1つとしての児童手当は有効なのである。

161

経済支援のみならず，既婚女性が外で働く率（労働参加率と称される）が高まっており，子どもを抱えながらの勤労は大変な苦労なので，子どもを保育園（あるいは認定こども園や幼稚園）に預ける必要性が高まる。こうした幼児教育への需要の高まりが大きいので，高い教育の費用をどうするかとか，幼児教育の先生なり担当者をどう確保するかが，関心の的となったのは当然である。

### 児童手当とは何か

子ども1人を育てるのには様々な費用のかかることは当然であるが，日本ではこの費用は父母，ないし家庭で負担するのが通例であった。なぜそうかといえば，子どもは親が意図的に持つものであるし，家族の絆の強かった日本であれば，子どもは親が責任を持って育てるべしの信念が社会で強かった。そこで児童手当の支給は1972（昭和47）年に開始されたにすぎなかった。それも支給の対象は第三子以降のみに対して5歳未満の子どもまでにすぎず，月額も3,000円という少額であった。子どもの数がまだ多かった時代なので，子どもの数の多い家庭のみへの支援であった。

世界を見渡せば，オーストラリアは1921年，ニュージーランドは1926年に子ども手当（家族手当）が支給されるようになったし，福祉の先進国だったイギリスでは，有名な『ベヴァリッジ報告』に基づいて第二次大戦後に子ども手当が創設されたので，日本の子ども手当（あるいは児童手当）の歴史は比較的最近に始まったに過ぎないのである。日本を含めた世界の福祉の歴史に関する詳しいことは橘木（2018）を参照のこと。繰り返すが，子どもを育てるのは親の責任という通念が日本では強かったのである。

第❾章　子育て支援制度

　歴史の話題に戻すと，ヨーロッパ流の福祉国家に近付くべきという考えが日本でも1970年代に浸透した結果，児童手当は充実の方向に向かった。どういう分野で進行したかと言えば次のようにまとめられる。第1に，支給金額の増加策はほぼ一貫して採用された。第2に，第3子以降のみならず，第2子，第1子にも支給を拡大した。第3に，支給開始年齢を早めることと，支給停止年齢を延長すること。第4に，親の所得額によって支給が制限されたり，あるいは緩和されたりした歴史がある。すなわち親の所得の制限を強めたり弱めたりしたのであり，一貫して強化したとか，弱体化したという流れにはなかった。

　詳しい歴史的な発展よりも，現代ではどうかが最大の関心なので，それをここで述べておこう。なお，民主党政権だったときは，児童手当は子ども手当と称され，自民党政権になってからは名称が児童手当に戻った歴史がある。政権が替われば中身は同じでも名称が替わることがあるが，現在では児童手当の時代なので，この名称を今後も記述に用いる。

　現代は0歳児から中学卒業の年（満15歳）までが支給対象となっている。0〜3歳が月額15,000円，3歳から小学校修了までが10,000円（ただし第三子以降は15,000円），中学生も10,000円となっている。なお親の所得が年収960万円以上の人も5,000円は支給される。

　これらの額は子どもを持つ家庭にとって十分な額かと問われれば，後に示すようにヨーロッパ諸国と比較すれば劣位とみなせる。とはいえそれほど目立つ少額ではない。参考までに，フランスは第二子以降は月額124ユーロなので，15,500円（1ユーロ＝125円で計算），

163

第三子以降は159ユーロなので，19,900円弱となる。スウェーデンは子ども一人当たり1,050クローネなので，17,850円（1クローネ＝17円で計算）となり，日本は少しこれらの国より低い額である。フランス・スウェーデンともに，子どもの数が増加すると増額のあることと，親の所得制限のないのが特色である。

　フランスにおいては，子どもが高校や大学に進学しても学費支払補助がある。半分冗談ではあるが，子どもの数が多くて高校・大学まで進んだとしても，親の負担する子ども費用はとても少なくて済み，政府からの支給だけで子育てができるとの声があるほどである。戦後の一時期に少子化で悩んだフランスは手厚い子ども手当により，出生率は上昇に向かった歴史がある。

　フランスでは，正式に結婚していない男女から生まれる婚外子や，法律で認められている PACS（パクス）と称される男女のカップル（権利は夫婦と同程度にある）から生まれる子どもの合計が，総出生数の半数前後に達しており，結婚によらない新しい男女のあり方の先進国になっている。当然こういう子どもにも子ども手当は支給されている。換言すれば，非嫡出子（結婚している夫婦以外から生まれる子ども）に対する差別的な法律の扱いが残存し，かつそういう子どもへの差別の感情の強い日本においては，非嫡出子と嫡出子を同等に扱う社会保障制度にしたり，偏見をなくすようにすることが，出生率の向上に役立つと思われる。

　その第一歩は既になされている。遺産相続に関して嫡出子と非嫡出子の差別は撤廃されている。課題は両者に同等の福祉サービスが提供されるようになることと，国民の間での非嫡出子への偏見をなくすることであろう。これが成功すれば，フランスほどとまではい

わないが，出生率の向上が期待できると思われる。

わが国の児童手当の当面の改革案としては次の3つがある。第1に，0歳から3歳までの児童については，今の額で充分であろうが，3歳を超えてからの就学前児童，小学校，中学校の生徒への支払額は，次に示すように生徒の教育費が高くなっているので，10,000円より増額，例えば15,000円か20,000円にするのが望ましい。現代の若い親へのアンケート調査によると，子どもの教育費が高いので子どもを産むのにためらいがあると回答しているケースが多いので，小・中学生への児童手当の増額は意義がある。なおこの話題は幼稚園・保育園の無償化とも関係のあることなので後述する。

第2に，親にとって教育費の高さは小・中学校よりも，高校生，大学生により深刻なので，日本においても児童手当（高校生・大学生には児童という言葉はふさわしくないので，子ども手当，ないし教育手当と呼んだ方が好ましい）を高校生，大学生まで拡張するのが望まれる。

第3に，出生率を上げる目的としての児童手当であれば，フランスやスウェーデンのように，数多くの子どもを持った家庭なり，第三子以降の子どもに多額を給付するのはインセンティヴの面でプラスの効果があるかもしれない。しかし第一子・第二子と第三子以降の子どもの間で支給額に格差が生じるのは不公平な処遇であるとの解釈も可能である。児童手当は親に対して支払われると考えるのか，それとも児童（あるいは子ども）本人に支払われると考えるのか，一概にどちらともいえないので不公平だと結論付けられない。100％不公平だとはいい切れないので，問題が残る可能性のあることだけを指摘しておこう。

## 2　子育てにかかる費用

### 人の一生にかかる教育費用はいくらか

　人は幼稚園から小・中・高・大学まで通えば，いくらの総教育費用がかかるかを，橘木（2017b）は計算してみた。表9‐1がそれである。学校として公立（あるいは国立）に通うのか，大学においては理工系，医歯系，文科系というようにどの学部で学ぶとか，自宅通学か・自宅外通学かの違いがあり，それらを組み合わせると6×6＝36ケースがある。それをたとえ全部計算しても，その結果を評価することはケースが多過ぎて本質が見えないし，直観に訴えることもできないので，ここでは代表的な8つのケース，かつ該当者の多い組み合わせと，違いの目立つものを中心に検討する。

　まずもっとも教育費が少なくて済むケースは①の場合で，幼稚園から大学までを全部公立（国立）校に通い，しかも自宅通学であれば1,061万7,000円である。もっとも学費の安い学校で初等・中等教育を受け，しかも地元の国立大に通えば1,000万ほど（年額66万3,000円となる）の総教育費となる。国公立大学は学部による授業料の格差はほとんどないことに留意されたい。すなわちどの学部で学んでも授業料にほとんど差はないが，医学部のように6年間も学べば総額は増加する。このケースはもっとも親孝行に尽くしたケースで，最小の教育費用の負担で済むのである。

　一方でもっとも教育費が高くかかるケースは⑥の場合で，幼稚園から大学は私立校で，しかも学費の高い医歯学部への進学でかつ自

第❾章　子育て支援制度

表 9-1　1 人の人間の幼稚園から大学までの教育費用　(単位：万円)

| ケース① | (すなわち全校公立) プラス国立大 (自宅) | 1,061.7 |
|---|---|---|
| ケース② | (すなわち私立高以外では全部公立) プラス国立大 (下宿) | 1,537.6 |
| ケース③ | (すなわち幼・中・高が私立で小学のみ公立) プラス私立大文系 (自宅) | 1,733.3 |
| ケース④ | (すなわち幼・中・高が私立で小学のみ公立) プラス私立大医歯系 (下宿) | 3,981.4 |
| ケース⑤ | (すなわち全校私立) プラス私立大文系 (自宅) | 2,462.3 |
| ケース⑥ | (すなわち全校私立) プラス私立医歯系 (下宿) | 4,710.4 |
| ケース⑦ | (すなわち幼・高が私立, 小・中が公立) プラス国立大 (自宅) | 1,322.7 |
| ケース⑧ | (すなわち幼・高が私立, 小・中が公立) プラス私立大文系 (下宿) | 1,759.1 |

出所：橘木 (2017b)。

宅外通学である。この場合には総額4,710万4,000円 (年額にすると261万7,000円) もかかるので，先程の全部の学校が公立 (国立) でしかも自宅通学のケースと比較すると，実に4.7倍ほどの教育費の差がある。ごく普通の収入しかない家庭ではこれを選択するのは不可能に近いケースである。逆にいえば，親が医者の子弟に多いと思われる。⑥のグループに属する生徒・学生の数は，すべての学校を私立校，それに私立大の医歯学部進学は非常に少数と思われるので，これだけ多額の費用がかかることもある，という理解で充分である。

　一方，医学部を地元の国立大学に進学し，かつ高校までを公立校で学べば，次の額となる。すなわち大学 6 年間で808万500円，高校までが523万円なので合計が1,331万500円となり，全部私立校の場合と比較すると28％の負担で済むので，非常に割安で医師になることができる。ただし現在の国立大学の医学部の入試はかなり激烈で

167

難関となっていて高い学力が必要である。塾や予備校に通うことが普通であり，これだけの低額で済むと考えるのは早計である。

　残りの6種のケースは，両極端の間に収まっていて，1,500万円程度～2,500万円程度の範囲にいる。日本の学生においては多くの人が該当すると考えられるケース⑧では，幼稚園と高校が私立で小・中学は公立，大学は私立の文系で，自宅外通学においては1,759万1,000円となる。すべてが国公立で自宅から大学に通った人と比較して。698万円の負担増である。全部の学校を私立校に通うと（すなわちケース⑤），自宅通学と自宅外通学で異なるが，2,000万円をかなり超える額が必要となる。どの学校段階でもいいから公立校に1つでも，あるいは2つでも通えば教育費の節約ができることを意味している。例えばそれに該当するのはケース③とかケース⑦である。

　なおここでは高校卒業後に就職する人の例を除外しているが，日本の家庭では教育費がかかるかどうかは大学に進学するかどうかにかかっているので，大学に進学するかどうかは重要な決定である。

　以上ここで述べたことをわかりやすく要約すれば次のようになる。①幼稚園から大学まで5つの段階があるが，国公立ではなくて私立に1つでも多く通えば，教育費は高くなるし，その数が2つ，3つと増加すればそれがますます高くなる。②国公立大ではそうないが，私立大では理系に通えば文系よりも教育費が高くなるし，医歯学系になればその高さはもっと増大する。③大学において自宅生と自宅外生を比較すれば，当然のことながら後者の方が前者よりも必要額は増加する。ここではそれを示していないが，住居費と生活費の高い東京圏の大学に行けばその額がかなり高くなるし，他の大都市圏

の自宅外通学生も東京圏ほどではないが，そこそこ高くなる。

## 学校外教育の効果が大

　幼少の頃から高校卒業までに限定すれば，日本では塾をはじめピアノやスポーツ活動などの習い事の効果が大きい。ここでは平均的な家計の学校外教育費だけに注目する。図9-1は各年齢（学年）のときに，1カ月当たりどれほどの項目で学校外教育費を支出しているのかを示している。ついでながら年額にすると総額いくらか，生涯でどれだけの支出かも計算してみた。同時に子どものうち何％がそれぞれの活動をしているかの比率を図9-2で示した。

　これらの図から色々な興味深いことがわかる。第1に，人生の就学前の幼児のとき（3歳から6歳まで）の支出は年額で12万円以下とさすがに少ない。この年齢であれば後に示すように幼稚園か保育園の費用の方がはるかに高い。

　第2に，小学校に入学すると年額で14万円を超すので，かなりの負担となる。この年齢の親はまだ若い世代なので所得がそう高くなく，支払いによって結構経済的な苦しさが伴うと思われる。小学校も4年生を迎えると，最大支出がサッカーや野球といったスポーツ活動（4,900円）と塾などの教室学習活動（7,100円）が超えることとなる。中学受験をする生徒が塾に通い始める年代の小学4年生において，そしてピークは小学校6年生の1万7,000円，年額で20万円強となる。

　第3に，中学生になると支出額の大きさからすると，ますます塾などの教室学習活動の額がスポーツ・芸術活動の費用をかなり上まわる。そして中学3年生になると高校受験を控えての塾・家庭教師

169

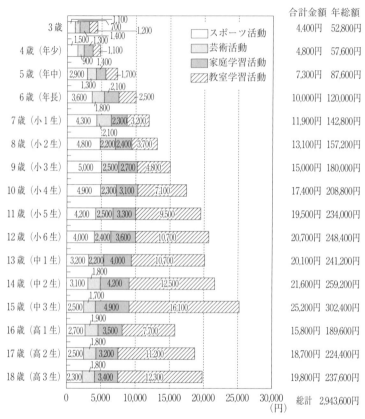

**図 9-1 1カ月当たりの学校外教育活動の費用(学年別・2013年)**

注1:スポーツ活動,芸術活動,家庭学習活動,教室学習活動の費用は,種類ごとの活動費をそれぞれの活動分野別に合計した。活動を行っていない場合は,0円として平均値を計算している。

2:2013年調査では家庭学習活動について「知育玩具」「絵本」「幼児向け雑誌」「学習雑誌」「知育・教育のアプリ」を新設したが,経年比較のため2009年調査に揃え,新設項目は除外して集計した。

出所:ベネッセ教育総合研究所『学校外教育活動に関する調査2013』。

第９章　子育て支援制度

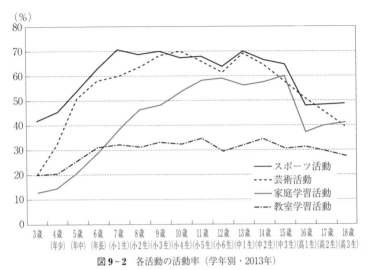

図9-2　各活動の活動率（学年別・2013年）

注1：各活動の種類を示した選択肢のうち，いずれかを選択した比率（％）。
　2：2013年調査では，家庭学習について「知育玩具」「絵本」「幼児向け雑誌」「学習雑誌」「知育・教育のアプリ」を新たに追加している。
出所：ベネッセ教育総合研究所『学校外教育活動に関する調査2013』。

頼みである。

　第4に，高校生になると，学校外教育全般への支出が低下するが，本書の関心が幼少の子どもにあるので，多くを語らない。

　最後に，学校外教育への支出総額に注目すると，学校段階別では，幼年期が31万8,000円，小学期が117万1,200円，中学期が80万2,800円，高校期が65万1,600円となる。1学年あたりに換算した結果においては，中学生の26万7,600円，高校生21万7,200円，小学生19万5,200円の順である。

　ここで留保すべきこととして，ここで提示された学校外支出額はあくまで平均額であることを明記しておきたい。家計に余裕のある

子どもほど学校外教育を受けている確率の高いのは当然である。これを教育の機会不平等とみなすのは困難であるが，不平等とみなす人もいるだろう。国家の関心はあくまでも学校教育の機会平等でよいと考えるからである。

ただし，塾に行ける子どもが高い学校教育を受けることができるというのも事実なので，学校外教育を完全に無視することはできない。塾の学費にも使えるバウチャーなどを全家庭に配布する政策は，教育の機会平等に貢献するので，十分に検討に値する政策である。

### 保育園・幼稚園の費用

小学校以上を学校教育法による公式な学校と認識すれば，保育園・幼稚園は学校外教育となる。もっとも幼稚園は学校教育法の第3章に入っていて，3歳から小学校入学までの3年間の幼児教育とされているし，管轄も文部科学省なので学校教育の一環とみなしてよい。

一方の保育園は両親がともに働いているか，片親で子どもの養育ができないときのための児童施設であり，管轄は厚生労働省である。親が働いておれば0歳児から保育園に預けることができる。日本の児童保育は文部科学省と厚生労働省という2つの異なる官庁の所轄であることから，様々な問題を抱えてきた。幼保一体化の動きもあったが，現代では認定こども園という両方を兼ねた施設がつくられた程度に過ぎない。

まず保育園と幼稚園の設立母体（公立か私立か）に注目しておこう。図9-3は設立母体の比率を示したものである。保育園については，公立が37％，私立が63％となっている。一方の幼稚園は公立

第❾章　子育て支援制度

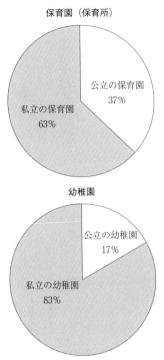

**図 9-3**　設立母体別にみた保育園と幼稚園の在籍人数比率
出所：保育園：厚生労働省『厚生労働白書』（平成28年度版）より作成。
　　　幼稚園：文部科学省『学校基本調査』（平成28年度版）より作成。

は17％程度にすぎず，私立が大半の83％という比率であり，圧倒的な私立優位である。主として専業主婦の児童が通うので，あえて公立校は不必要との判断から私立校の優位となっている。

　何歳の時から保育園なり幼稚園に預けているかは，保育園は0歳児から可能なので，6カ月から1歳6カ月の年齢が68％と集中して

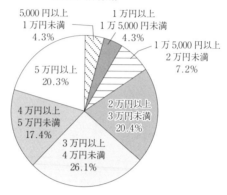
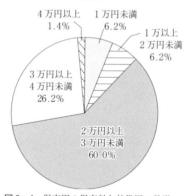

図9-4 保育園の保育料と幼稚園の月謝
出所:WOMEN'S PARK ホームページ(2013年)より作成。

いる。「待機児童何万人」という言葉が躍っているように,一般論として保護の手厚い保育園への入所を希望しても入所できなくて,仕方がなく認可外保育園(認可を受けていない保育園。無認可保育園

第❾章　子育て支援制度

とも呼ばれる）に入所せざるを得ない場合がかなり存在しているのである。

　一方の幼稚園では3歳児以上を預かる施設なので，当然のごとく児童の年齢は3歳以上が圧倒的であり，多言を要しない。

　ここでもっとも関心の高い保育園と幼稚園の費用を見てみよう。図9-4は保育園と幼稚園の月額の費用の分布を示したものである。まず保育園に注目すると月額3万円以上4万円未満が26.1％ともっとも多く，次いで2万円以上3万円未満が20.4％，5万円以上が20.3％，4万円以上5万円未満が17.4％となっている。自治体によっては4万円，5万円を超すところもかなりある。以上をまとめれば，年額にすると20万円から60万円の間に分布していることになる。

　幼稚園も保育園と似た月額である。しかし一般に保育園の方が幼稚園よりも保育時間が長いので，1時間当たりの単価にすると保育園の方に割安感がある。一方で幼稚園には私立校が多いので，追加的な教育をしているところがある。例えば，制服，文房具，昼食代，それに発表会用の費用が多めにかかることが多い。

　もっとも問題の多いのは保育園の中での無認可保育園の費用である。施設にもよるが月額で5万円から7万円かかるとされていて，認可保育園よりも高いのが一般的である。しかも高いところだと10万円のところもある。無認可にあっては，保育時間の長いことは親からすると魅力となっているが，規制の及ばない保育園となるので，安全面や衛生面で時折問題になることがある。

　ここ20年来の歴代の日本政府はすべての内閣で「待機児童ゼロ作戦」を主張してきたが，どの政府もそれを達成できず，無認可保育

175

所がまだ存在せざるをえない状況にある。他の先進諸国と比較して，幼児への社会保障支出額が格別に低い日本なので，その額を大幅に増加させない限り，「待機児童ゼロ作戦」は成功しない。

### 幼保無償化策の評価

2019（令和元）年の10月から日本では画期的な政策が導入された。子どもの教育は親の責任，すなわち親が幼稚園と保育園の費用を負担すべしの伝統が覆されたのである。国家と地方公共団体が費用負担をするようになったので，かなりの大転換である。公立保育園・幼稚園においては，100％が市町村の負担，他の園については国家が50％，都道府県が25％，市町村が25％の負担となっている。いずれにせよ公共部門の負担なので，税収の充てられることはいうまでもない。

なぜ幼保無償化策が導入されたのかを簡単にまとめておこう。第1に，若い親の苦しい経済状況を少しでも助けようとする目的がある。第2に，出生率の低下に悩む日本において，若い親への経済支援は出生率の向上につながるとの期待がある。フランス・スウェーデンのように子ども手当の充実が出生率の上昇に寄与したのであり，間接的にせよその効果が日本でも期待できる。第3に，労働力不足が深刻に向かう中，既婚女性に子育て支援をして外で働いてもらいたいとの期待がある。第4に，幼児教育は子どもの資質を高めるとの認識が教育界では定説になりつつあるので，できるだけ多くの児童が幼児教育を受けられるようにする目的がある。

やや細かいが法律で規定された支給額と何歳から何歳までの支給か，それと親の所得制限があるかどうかを見ておこう。

第9章　子育て支援制度

　まずは幼児の年齢であるが，保育園は0〜2歳児も入園可能であるが，親の年収の低い家庭（すなわち住民税を払っていない世帯の年収，およそ200〜300万円）のみが対象なので，親の所得制限がかなり厳しい。従って給付対象はかなり限られる。0〜2歳児の保育には，保育園でも費用が相当にかかるので，全員の幼児への給付は資金がかかるからである。これら年齢の低い幼児は親が育児休暇を取って，自宅で保育してほしいという希望も見え隠れする。

　3〜5歳児に関しては，保育園ではほぼ全員の幼児が支給対象であるし，親の所得には制限はない。幼稚園では支給に上限があって，月額2万5,700円までの支給である。幼稚園に子弟を送る家庭は専業主婦の家庭が多いので，家計所得は余裕があるとみなされ，支給額を多くする必要はないのである。既にみたように，幼稚園の費用は3〜4万円に達しているので，全額を補助する必要はないとの判断である。

　第2に，既にみたように，幼保無償化の財源は，公立校を除いて国家と市町村負担であり，地方公共団体（都道府県と市町村）が負担するのである。そうすると財源豊かな地方公共団体とそうでないところでは支給の条件がかなり異なるのが現状となる。どこの地域に住んでいるのか，どこの幼保に子どもを送るかによって，恵まれた給付条件の人とそうでない人との差が生じる。本来ならばすべての幼児を平等に扱うべきであるが，こうして地域間で不平等が見られるのは不公平なので，できるだけ不平等すぎる措置は避けるべきと考える。この不平等を放置しておくと，幼児持ちの家庭は住居を変更する行動に出る可能性があり，やや混乱になるかもしれない。

　第3に，認可外保育園が存在していることは既に述べたが，認可

外保育での幼児には無償化のサービスはどこまでなされるのであろうか。届出のある保育園に関しては原則的に無償化の対象となっているが，一部には長時間保育を行っているところもあり，保育料が高くなって無償化の額では不足の生じるところもある。ここで考えられる対策としては，無認可保育園の存在を前提にして，額をどうすればよいかをあれこれ考えるのではなく，無認可保育園を亡くするための政策の方が有効と考える。具体策については次で言及する。

　ここで幼保無償化に関して筆者の評価をしておこう。まずはこの政策はとても好ましい政策であると，結論として評価しておこう。その上で追加的な政策をいくつか述べておこう。第1に，無償化策は親の家計を助けるので，これまで家で育てていた幼児を幼保園に預けようとする人の増加が予想できる。これはなかなか成功しなかったゼロ作戦による「待機児童」をさらに増加して，幼保における仕事の負担が過重になる恐れもある。このことを心配して，幼保の先生の間には幼保無償化への反対意見が根強い。

　このための対策としては，認可保育園の増加策がすべてを解決する。そして施設の充実と先生の処遇を改善することが必要である。そのためには幼保への公共支出を増加することが条件となる。

　日本の保育・幼児教育への公的支出がいかに劣っているかを，図9-5は家族関係の社会支出の対 GDP を示したもので，直接に保育・幼児教育の支出を示したものではない。しかしそのうちの保育・幼児教育支出が大きな比率なので，これによってかなりのことがわかる。このソースは OECD である。これによるとスウェーデン，イギリスなどが3.0％を超えていて，多くの支出が国によってなされている。フランスも子育て支援が充実していることを既に述

178

第❾章 子育て支援制度

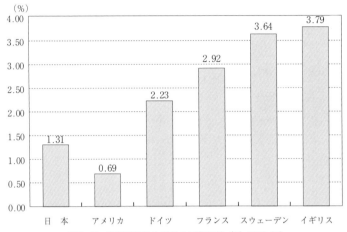

**図9-5** 家族関係社会支出の国際比較（対 GDP 比）

資料：国立社会保障・人口問題研究所「社会保障費用統計」（2015年度）
注1：家族関係社会支出…家族を支援するために支出される現金給付及び現物支給（サービス）を計上。計上されている給付のうち、主なものは以下のとおり（国立社会保障・人口問題研究所「社会保障費用統計」巻末参考資料より抜粋）。
- 児童手当：現金給付、地域子ども・子育て支援事業費
- 社会福祉：特別児童扶養手当、児童扶養手当、保育所運営費等
- 協会健保、組合健保、国保：出産育児諸費、出産育児一時金等
- 各種共済組合：出産費、出産手当金、育児休業手当金等
- 雇用保険：育児休業給付、介護休業給付等
- 生活扶助：出産扶助、教育扶助
- 就学援助、就学前教育：初等中等教育等振興費、就学前教育

2：日本は2015年度、アメリカ、ドイツ、イギリス、フランス、スウェーデンは2013年度。
出所：内閣府ホームページ。

べたが、それが3.0％弱の高さによって確認できる。

一方、それの低い国はアメリカの0.69％と日本の1.31％であり、国際比較上からも日米両国は家族関係への公共支出が非常に低いことがわかる。日本では子どもの教育は親の責任という通念が強かったことを本書で強調してきたし、アメリカは政府の規模は軍事費を

除いて小さくあるべし，との伝統がここにも見られる。

　日本はこのように世界の先進国の中では，最劣等の国のグループに属する保育・幼児教育を含めた家族関係の公共支出の少ない国なのであり，この現状を打破すべく，公共支出の増額が望まれる。その第1歩は，2019（令和元）年からの幼保無償化策の導入による支出（7,764億円）によって，ある程度は好ましい方向に向かうと予想できる。ただし，まだまだ不十分なのでさらなる公共支出の増加策が期待される。

# 第10章

## 労働災害保険・自然災害保険・
## 障害者福祉制度

第**10**章　労働災害保険・自然災害保険・障害者福祉制度

# 1　労働災害や自然災害に備える

## 労働災害保険とは何か

　社会保険の歴史上で最初に導入された制度はこの労働災害保険（通称・労災）である。第2章で見たように，それは1871年のドイツでの導入であった。イギリスに遅れてから産業革命の途上にあったドイツでは，企業は生産・販売高を成長させるために，労働者に過酷な働き方を強いていた。宰相ビスマルクは「アメ」と「ムチ」で労働者がなんとかそれに応じるように，種々の保険制度を導入したが，その内で労働災害にまず取り込んだのである。

　労働の現場では，働いているときにケガに遭遇することがあるのに加えて，時には死亡事故に至ることもある。こういう災害に見舞われたとき，治療費や働けなくなって受けられなかった賃金，あるいは死亡見舞金を払うのが労災なのである。政府がその制度の管理者なので社会保険と称されているが，保険料の拠出は全額が企業の負担というのが特色である。年金，医療，介護といった保険は企業と労働者が折半の負担であるのと異なっている。

　もう1つの特色は，従業員が1人でもいて，しかも正規労働者かパートといった非正規労働者か，といった区別がなく，すべての労働者がカバーされている。他の社会保険制度は，企業の規模別，正規か非正規か，といったように企業と労働者の特性による区別があるが，労災にはこういう区別のないことが特色である。

　ではどれほどの保険料を企業が払っているかは法律によって詳し

183

く規定されているが，0.25～8.8％の範囲にある。危険率の高い産業（鉱石採掘業，林業，採石など）とそれの低い産業では保険料率に違いのあるのは当然といえよう。給付の額は治療費，休業した期間の賃金（労働不能の場合は60％），遺族補償の支給などがあるが，細かいことは述べない。

むしろ記憶しておきたいことは，年金，医療といった制度と比較して労災の保険料総額や支給総額ははるかに少なく，社会保障全体の総額に占める比率は微々たるものである。従って社会と国民の関心は高くないが，当事者にとってはとても重要な制度なので，社会保険制度の1つとして，古くから存在していたし，今でも存在意義は消滅していない。


### 過労死・セクハラ・パワハラ

労働災害のことを述べたついでに，関連する事項として最近特に話題となっている過労死，セクハラ，パワハラに関して一言述べておこう。

過労死とは，超過勤務を含めた規定労働時間以上を働いたとか，心身ともに疲労するような過重な労働にコミットした結果，労働者が身体的・精神的な重病を患って，結局は死に至るか自殺に追い込まれる事象をさす。死亡に至らぬとも，長期間の療養なり休業を強いられることもあり，これは過労死ではなく過労災害とみなしてよい。

過労死や過労災害は，企業間の競争が激しくなった結果であるし，企業が生き残りをかけて労働者に過重労働を強いるし，労働者側からも企業への忠誠心を示すために，法令違反を覚悟で受け入れてき

184

第10章　労働災害保険・自然災害保険・障害者福祉制度

た事情も無視できない。いわば「働き過ぎ社会」のなす結果であった。

　これらは労災保険として正当な適用がなされる。適用の申請がなされてから，労働基準監督署が認定作業を行う。認定されれば死亡給付がなされる。どれほどの死亡認定があるのか，最近では脳・心臓疾患による死亡認定が120〜140件，精神障害による認定が50〜70件となっている。件数としては多くないが，当事者にとってはとても重要なことであるし，本来はゼロ件数であるべき事象であることを強調しておこう。

　セクハラとパワハラは，異性間において相手に不快な思いをさせることがセクハラであり，パワハラは上司が部下に対して地位を利用して反人権的な行動を行うことを指す。セクハラは男性が女性に対して行うことが圧倒的に多いが，逆のケースも無視できないほどある。セクハラ，パワハラともに企業の職場で発生件数が増加しており，社会現象の1つとして対策が講じられねばならない時代である。

　ところがこれらセクハラ，パワハラの被害は労災の対象とはなっていない。被害の認定がなされれば，慰謝料支払いが命じられるので，これは当事者の支払いによる。しかも法律での罰則もあり，懲戒処分の対象になっている。しかし労災とは無関係なのでこれ以上言及しない。

### 自然災害に対してのセーフティネット

　地震，台風，大雨，火災，火山爆発，干害などによる被害が激増中である。古い時代であれば1923（大正12）年9月1日の関東大震

災，最近であれば2011（平成23）年3月11日の東日本大震災という大災害がある。地球温暖化と異常気象の影響を受けて，自然災害の数は増加中である。これらによって人身事故，道路，橋，家屋などの損害が増加中である。

　これらの被害に対して，例えば社会保険とか社会保障制度が存在するかと問われれば，基本は「NO」である。自然災害の被害に対しては，国家による保険制度はなく，民間の私的保険での対応が原則である。民間保険会社の提供する生命保険，損害保険，医療保険などに加入して，保険金の給付を受ける道が存在するのみである。なぜ公的部門が関与しないのか，それは自然災害による被害は，まずその発生が公共部門の責任ではないし，私的財産，あるいは人命，疾患などの保障も私的個人が考えるべき事柄で，公共部門の登場は必要ない，との社会合意があることによる。

　しかし国家，地方政府は自然災害による被害に対して，なんらかの策を講じていることも確かで，これは人道的見地からの対策と考えてよい。被害で大きく困っている人を無視することはできず，これも福祉の対象とみなす考え方にも社会合意があるといってよい。例えば，見舞い金の提供とか，家屋の修繕に補助金を提供するとか，農水害・台風・干害による植物被害への補償など，これまでの自然災害に対して公共資金の提供がなされてきたのである。

　しかしこれらの資金の提供は税収が使用されるので，支給額に限界のあることは認めざるをえない。むしろ公共部門に期待されることは，これら自然災害による被害の発生を未然に防ぐ対策を講じることが重要である。例えば，水害による被害を抑えるための堤防の建設，土砂崩れや津波の防止策，住居を強くするための耐震対策へ

第**10**章　労働災害保険・自然災害保険・障害者福祉制度

の補助，といったように，種々の防止策を強化することが公共部門の役割である。

　さらに最後には，自分の生命，財産は自分で守る，という見地から，私的個人もできるだけ民間保険会社の提供する各種の保険に加入して，自然災害に対してセーフティネットを高めておく努力も肝心である。

# 2　障害者福祉を考える

## 障害者福祉とは何か

　序章で福祉とは何か，政府が社会保障制度を用意するのはなぜか，などを論じたとき，人間として身体的・肉体的なハンディキャップを持っている人に対する支援は福祉の原点であると指摘した。障害者福祉政策はこの代表なので，ここで述べておこう。

　世の中には障害者がどれほどいるのか，内閣府による『平成30年版　障害者白書』によって知っておこう。まず障害者には次の3種類がある。すなわち，視覚・聴覚・言語・肢体・内臓などに障害のある身体障害者が436万人，知能機能や適応行動に障害のある知的障害者が108万2,000人，統合失調や精神疾患のある精神障害者が392万4,000人となっている。国民のおよそ6％がこれらの障害者になっているので，無視できない比率であり，福祉対策としては実は重要な分野なのである。

　対策の重要な方式は，そういう人を施設に入所させて，一括して面倒をみる策である。施設入所者は身体障害者においては1.7％の

割合，知的障害者は11.1％，精神障害者は8.0％の割合となっている。施設入所がそういう障害者を持つ家族にとっては安心できる策であるが，比率としてはそれは低く，圧倒的には在宅によるので，家族にとっては大変なことに違いないことが容易に想像がつく。

　施設入所でない場合でも，様々な支援サービスがある。例えば，高齢者に対して行われるのに似た介護給付，働くことのできるようにする訓練給付，短期入所（短期に施設に入所する），など様々な福祉サービスが提供されている。こういうサービスを受けるためには費用のかかることは当然であるが，家族の負担が強いられている。しかし負担を抑制するために，負担上限額が定められており，それを超えた分については家族は負担しなくてよい。すなわち，公共部門の負担なのである。これが障害者福祉の代表的施策の１つである。例えば，生活保護世帯と課税最低限所得以下の世帯では負担ゼロである。

　障害者の支援策は次の２つが重要である。第１は，生活に不自由があるので，なるべくスムーズに生活ができるように，介護，雇用の場を与えるといったサービスの提供，第２は，それには経済支援が必要なので，どれだけの支援が公共部門でなされうるかである。財政負担が必要なことは言うまでもなく，国民一般がこういう財政負担をどれだけ税収で賄う意思があるかに依存する。

## 障害者雇用の現状と課題

　少しでも働くことのできる障害者であれば，勤労することによって収入が得られるし，本人の生きがいも高まることが期待できる。社会はそのことがわかっているので，企業や政府機関に法定の障害

第**10**章　労働災害保険・自然災害保険・障害者福祉制度

者雇用を義務付けている。私企業であれば法定雇用率は2.3%，政府機関であれば2.6%である。ところが監督官庁であって規範を示す必要のある厚生労働省ですらそれを満たしていないことが報道されたし，私企業では満たされていない率は半分程度にまで達している。企業によっては法定雇用率以下だと罰金を払わねばならないのであるが，意図的に罰金を払って障害者を無理に雇用しない場合がある。障害者を雇用することの非効率性を気にするのであろう。

　実はこの現状をうまく利用する案がある。企業によっては障害者雇用に乗り気の企業とそうでない企業のあることを直視して，後者から罰金を徴収した資金を用いて，前者に補助金として支出する案である。前者はますます障害者の雇用を増やすであろうから，全体として障害者雇用の増加するのに期待するのである。もう１つの案は現政府の導入しようとしている案であるが，長期ではなく短期であっても障害者の雇用をする企業に補助金を与えるのである。もし短期の雇用が終了しても，その障害者がその企業で長く働くことができると企業が判断すれば，確実に障害者雇用は増加する。

　先程障害者には３つの種類があると述べたが，雇用率に差があるのだろうか。白書によると，年齢によって多少の差はあるが，身体障害者でおよそ40〜50%，知的障害者が50〜60%，精神障害者が10〜20%となっている。精神障害者の雇用の困難なことがわかる。これは直感としてもよくわかることなので，まずは身体的障害者と知的障害者の雇用を増加する策が有効と考えられる。

# 第11章
## 望ましい社会保障制度のあり方

# 1 日本の社会保障をどう捉えるか

## 日本の現状を国際比較する

　ここまで日本の社会保障制度の現状と評価を述べてきたが，ここで総論として現代における実情と政策論議を考えてみよう。

　まずは図11‒1によって，世界の主要先進諸国との比較に立脚して日本の地位を確認しておこう。図は社会保障給付費の対 GDP 比率と国民所得比を示しており，国家による福祉，社会保障の提供度がどの程度であるかが，おおまかにわかる。別の言葉を用いれば福祉国家の程度を示している。ついでにこの表を解釈するために，各国別の人口における高齢化率を表11‒1で示しておこう。高齢化率が高いと，年金，医療を中心にして社会保障給付費が大きく上昇する点を理解しておこう。

　図11‒1によると社会保障給付費が GDP に占める比率は，日本の17.6％というのは，ほぼ OECD 諸国の平均値の値が20％あたりなので少し低い。しかもイギリスとほぼ同水準にあるし，他の福祉先進国のスウェーデン，ドイツ，フランスより格別に低いわけでもない。なおスウェーデンは社会保障負担率が低く，租税負担率がとても高いが，租税収入のうち大きな割合が社会保障支出に使用されており，福祉国家にかわりはない。これは日本が社会保障大国になりつつあるのではないか，と解釈できなくもない。しかしこの推測は間違いで，表11‒1の各国別の高齢化率で示されるように，日本の高齢化率は26.7％で他のどの国よりもかなり高いことが影響して

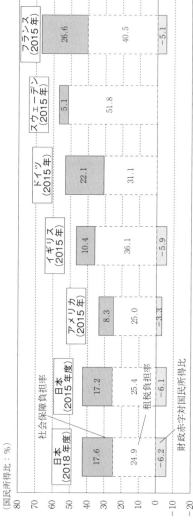

図 II-1　国民負担率の国際比較

注1：日本は2018年度（平成30年度）見通し及び2015年度（平成27年度）実績。諸外国は2015年度実績。
　2：財政赤字の国民所得比は、日本及びアメリカについては一般政府から社会保障基金を除いたベース、その他の国は一般政府ベース。

出所：財務省ホームページ。

第11章　望ましい社会保障制度のあり方

表11-1　社会支出と高齢化率（65歳以上の人口比率）の国際比較（2015年）

(単位：%)

|  | 日本 | アメリカ | イギリス | スウェーデン | ドイツ | フランス |
|---|---|---|---|---|---|---|
| 対 GDP | 22.15 | 19.12 | 22.65 | 26.75 | 27.13 | 32.12 |
| 対国民所得 | 30.30 | 23.83 | 30.86 | 41.43 | 36.51 | 45.48 |
| 高齢化率 | 26.7 | 14.8 | 17.8 | 19.9 | 21.2 | 19.1 |

資料：国立社会保障・人口問題研究所。
出所：OECD ホームページ。

いるのである。年金，医療，介護といった社会保障給付額は高齢者
の数が多ければ多いほど高くなるので，日本はこの影響を直接に受
けたのである。

　従ってこれらの図表によって，日本の社会保障制度は質の点から
充実してきた，と解釈するのは間違いである。高齢化の進行によっ
て高齢者向けの社会保障受給額が増加したのであり，見せかけとし
て総量の面から拡大したにすぎないのであって，例えば幼児を含め
た国民全員を考慮した，1人当たりの給付費などの質の面から評価
すると，それほどの発展はなかった。日本は必ずしも福祉国家では
ない。

### 日本は福祉国家へと向かうべきか

　ここで筆者の好む社会保障制度のあり方を述べておこう。端的に
いえば，ヨーロッパ型の福祉国家の道に向かう案である。個人的に
は北欧流の高福祉・高負担が理想であるが，日本ではアメリカ型の
自立と自助を基本にした低福祉・低負担の非福祉国家を理想とする
人の方が多数派なので，筆者の主張が世に受け入れられる可能性は
低い。でもこういう意見もあると知っておくことは価値があるので

195

述べておく。

なぜ日本は福祉国家に向わねばならないかをまとめれば次のようになる。

第1に，これまで日本の福祉の担い手であった家族に関して，その絆がかなり弱まってきたことが大きい。代表的には，ますますの少子高齢化の進展，三世代住居の激減，離婚率の上昇，一生結婚しない人の増加（すなわち家族をつくろうとしない人），そして家族をつくった人の間においても助け合いの精神が弱くなったことは，いろいろな所で報告されている。以上をまとめると，福祉の提供者としての家族の役割はかなり弱くなったのである。

第2に，日本経済が低成長経済に入り，コスト削減が迫られている企業は，企業福祉の削減策に走るようになった。これは企業独自の社宅や病院，退職金などを中心とした法定外福利厚生費の縮小のみならず，法定福利である社会保険料の事業主負担の削減策をも実行したい雰囲気にある。この削減策によって企業経営を強化したいのである。

第3に，人々が地方から大都市に移住した結果，これまでは地方に住む人々の間で強かった地域での絆の強さが，徐々に弱くなってきたことがある。例えば大都会でマンションに住む各地から移ってきた人々の間での助け合いは，「隣は何をする人ぞ」で象徴されるように，期待できないことは明らかであろう。

これらは橘木（2010）によって，血縁，地縁，社縁の希薄化として捉えられており，共生社会という言葉を用いると，自助・共助の力が弱くなったのが日本社会の特色なのである。ここで共生社会とは，自己と家族による支援を自助，企業と地域による支援を共助，

第11章　望ましい社会保障制度のあり方

政府による支援を公助とみなす考え方である。なお，論者によって
は，自助を自分のことを自分で面倒を見ると解する人もいるし，家
族を共助の中に入れる論者もいる。

　公助に期待できないのであれば，アメリカ型の自分のことは自分
でという自立と自助，すなわち自分の福祉は自分で面倒をみる，と
いう姿に方向転換するのも1つの案である。アメリカにはごく一部
の高齢者と貧困者を除いて公的医療保険は存在していなかった。国
民皆保険制度でないアメリカを民主党のオバマ政権は好ましくない
ことと判断して，すべての国民が医療保険制度に加入できるように
したが，非常に不十分な制度に過ぎないし，保険の提供は公共部門
ではなく民間の保険会社の提供する私的保険に頼っている。なおト
ランプ大統領は前政権のオバマ大統領による「オバマケア」を廃止
したので元に戻ってしまった。これに加えて介護保険制度は存在し
ていないし，公的年金制度も規模は小さい。

　なぜ日本人はヨーロッパ型の福祉国家を目指さないのであろうか。
それをいくつかここで列挙しながら議論しておこう。

　第1に，日本人の間で政府の提供する福祉にタダ乗りする人への
反感が非常に強く，政府は福祉の提供をしない方がよいと判断する
人が多い。代表的には，生活保護制度の章で多少述べたことである
が，働く意欲のない人が虚偽の申請をして政府から生活保護を受け
ているとの反感が強い。マスコミも声高らかに不正受給を大々的に
報じるので，国民の間でこれへの関心が強く，冷たい目で受給者を
見ている。

　これらモラルハザードは生活保護制度だけでなく，失業保険制度
による求職意欲の喪失，医療保険制度における過剰検査，診療，投

197

薬の存在など，枚挙にいとまがない。これらのモラルハザードの存在に対して，日本人がなぜ過敏に反応するのか，筆者にはよくわからない。とにかくこういう例を少なくするには，政府の提供する福祉への質と量を低下させることがもっとも効果的と日本人は判断しているのである。

　第2に，これと関連するが，もし政府が福祉の提供から撤退するなら，誰がその担い手になるのかと問われれば，今までは家族であったがその絆が弱くなったのなら，自分の福祉は自分で面倒みよ，と考える日本人の増加がある。いわゆる福祉の分野における自己責任論が強くなっているのである。やや極論すれば，高齢になって介護が必要となるなら，自分で貯蓄をしてその資金でもって各自が介護施設に入れ，あるいは病気や怪我の費用が必要なら，自分の資金でもって私的医療保険に加入しておけ，と考える人の増加である。

　第3に，これは既に述べたことであるが，企業経営者や保守的政治家は，日本経済を強くする必要があると考えて，過大な福祉の提供は経済効率にとってマイナスと判断している。国民や企業が多額の税金や社会保険料を負担するようになると，勤労意欲や投資意欲に阻害効果があるので，なるべくその負担を小さくする政策を支持するのである。同時に過大な福祉の提供は，人びとを怠惰にするので勤労意欲の喪失を招いて経済を弱くするし，企業への効果すらマイナスと考える。さらに，不正受給の監視，あるいは巨額の社会保障の管理費用が必要なので，政府の規模が大きくなって民間経済を圧迫するとの声もある。いずれにせよ，小さな政府を企業経営者や保守的政治家は好むのである。

　もし日本国民がヨーロッパ型の福祉国家を目指さないのであれば，

第 11 章　望ましい社会保障制度のあり方

アメリカ型の自立を中心にした選択肢しか残されていない。自立に頼る案はどうしても国民の間で恵まれた人とそうでない人の格差が大きくなる。もともと医療費の高いアメリカであるし，民間の保険会社の提供する医療保険制度は保険料が高いので，高所得者は加入できるが低所得者はそれができず無保険者とならざるをえない。またもともと所得格差・資産格差の大きいアメリカなので，高所得者は質の高い治療を受けられるが，低所得者の中には治療を受けられない人が多くいて，貧困者は早死するのが確認されており，医療格差は深刻となっている。この問題を阻止するために，貧困者や高齢者のためのメディケイド・メディケアという公的医療制度は存在するが，とても十分なものではない。アメリカの自立の尊重主義にはこのような影もある。

　日本では「皆保険社会」にあるとの幻想が強いが，医療保険の章で明らかにしたように，貧困なので保険料の払えない人が少なからず存在して，「皆保険社会」はもう現実ではない。日本も早晩，医療格差は顕在化しそうである。

　いずれにせよ，日本はヨーロッパ型の福祉国家に向かうのか，それともアメリカ型の自立主義の国家に向かうのか，近々に決定せねばならない時期に入っている。繰り返すが，筆者はヨーロッパ型の福祉国家が好みであるが，日本国民の多数派はアメリカ型の自立主義好みと解釈できる。なぜなら福祉削減の声，あるいは小さな政府論が強いからである。

199

# 2 ロールズとウォルツァーの議論

## 普遍主義・自由主義 対 選別主義・共同体主義

　ここで，福祉国家か，非福祉国家かを考えるときに役立つ，思想上の話題を提供して，読者の参考に資しておこう。

　普遍主義を保障に関してやさしくいえば，個人の持っている特性や属しているグループとまったく無関係に，すべての人に同一レベルの福祉サービスなり，セーフティネットを提供する考え方をいう。いわば，社会保障のサービスが全国民を対象に，かつ均一のレベルで平等に提供される主義といえる。倫理学における普遍主義に相対する考え方は，共同体主義と呼ばれる。社会保障の分野で共同体主義という言葉はさほど用いられてこなかったので，ここではそれをあえて用いて，理解を深めたい。

　普遍主義対共同体主義は，基本的には哲学・倫理学の分野で対比される概念である。例えば，ラスマッセン（1998）が代表的である。これは自由主義対共同体主義という対比でも理解されうる。もし社会保障の分野で共同体主義を定義するのであれば，ドイツ，フランス，日本の社会保険制度で見られるように，共通の産業や職業に属する人々が，お互いの加入者の範囲内で「助け合い」ないし「セーフティネット」を用意する主義である。いわば，選別主義であるといってよい。

　社会保障制度が議論されるとき，普遍主義対共同体主義の対比はさほどされないが，哲学・倫理学における普遍主義対共同体主義に

第 11 章　望ましい社会保障制度のあり方

なぞらえて，ここでは社会保障と社会保険の分野でも，両者の対比が可能として議論を進める。

　共同体主義は普遍主義に相対する考え方であるとしたが，ロールズ（John Rawls：1921〜2002）（2010）を中心とする自由主義（リベラリズム）に対する批判思想でもある。ロールズに対してはウォルツァー（Michael Walzer：1935〜）（1983）の批判が有名である。

　コミュニティ（共同体）とは何を意味するのであろうか。福祉の担い手としてのコミュニティ（共同体）とは，共通の特色を持った人たちの集まりであると理解される。それは，性，民族，宗教，国籍，地域，企業，職業，等々，様々な基準によって区別される特色である。

　同一のコミュニティに属する人達の間での思いやり，愛情，連帯感，等々を重視する。従って，それぞれの人の属するコミュニティを自己が認識することから始まり，他者のコミュニティとどう異なるかを差別化することも重要な作業となる。同じコミュニティに属する人たちは，行動様式，道徳観，倫理観を共有する場合が多いので，助け合おうとする意志が強いのである。

　そもそも共同体主義は有名なロールズの自由主義への批判から始まったので，ロールズの自由主義を簡単に描写しておく必要がある。ロールズは 2 つの原理を主張した。第 1 の原理は，各人はすべての人に与えられる自由と矛盾しない範囲で，基本的自由に対して平等な権利を持つこと，第 2 の原理は，もっとも恵まれない人々がもっとも恩恵を受けるようにすること（格差是正原理），である。これはマキシミン原理と理解してよい。これら 2 つの原理は，ロールズ流「正義の理論」として定着した。マキシミン原理は，言葉通りに

201

「ミン（最小）」というもっとも恵まれない人に対して「マキシ（最大）」の恩恵を与える原理のことである。

ウォルツァーはロールズの普遍主義的な正義論に対して，共同体主義の立場から批判する。それは次の2つに要約される。第1に，あらゆる時代や文化に共通であって，しかも分配の対象となった財の多元性を説明するような唯一の分配原理は存在しない。むしろ正義は，異なった社会的財が，異なった理由によって，異なった手続きを通じて，分配されることを要求する，とされるものである。

第2に，正義には抽象的な基準は存在せず，具体的な社会と制度の公正に関して判断を下すことができる，とする。これはある特定のコミュニティにおいては，そのコミュニティメンバーに通用する分配の原理が存在しうる，というように解釈できる。

ここに述べた2つのことは，「異なったコミュニティに対する異なった財は，異なった理由によって，異なった手続きを通じて，分配されうる」とする，「多元主義理論」と要約できる。


### 自由主義・普遍主義に立脚した北欧型へ

以上，普遍主義ないし自由主義対共同体主義の論争をわかりやすく要約すれば，次のようになる。すべての人（すなわち異なるコミュニティに属する人々を含めて）を満足させるような平等思想はありえないと考えるのが共同体主義であるのに対して，普遍主義ないし自由主義は，手続きさえうまくいけば，普遍的な平等を達成することは可能であるとする。さらに，共同体主義では人に満足を与える財ないし価値は多元的であるし，人の属性によってその選好と判断は異なるとみなす。普遍主義ないし自由主義では，不平等のない

第11章　望ましい社会保障制度のあり方

ように最低の生活水準を引き上げるという意味で，価値（例えば所得水準，消費水準）を統一すれば，正義を達成することは可能であるとする。

ロールズ理論の最大の貢献は，社会的公正ないし正義の原則によって，包括的かつ再分配的な福祉国家の擁護を，哲学と倫理学の立場から積極的に展開したところにある。もっとも，ロールズの『正義論』は福祉や社会保障の分野で具体的な問題について提言しているわけではない。換言すれば，社会保障における公正とは何か，政府の役割はどこにあるのか，といった抽象的な原則論が中心であり，少なくとも福祉国家を倫理的に支持する意味で，画期的な貢献なのである。

一方，社会保障に関して，共同体主義をどう理解すればよいだろうか。共通の特性を持った人たちが選別されたコミュニティを形成し，その人たちの連帯感に基づいて，その人たちだけで社会保険制度を持つことが，共同体主義に立脚した社会保障制度である。選別主義と理解してもよい。ドイツ，フランス，日本に見られる職業別，産業別，年齢別に区分された複数の年金制度や医療保険制度がそれに該当する。わが国では企業別，というのが特に意味の大きい共同体主義である。

ドイツ，フランス，日本の人たちは，倫理学として評価すれば共同体主義志向が強いから，社会保障制度がこのようになったのであろう。デンマーク，スウェーデンのような北欧の人たちは，倫理観として普遍主義／自由主義志向が強いから，社会保障制度が唯一の普遍制度で運営されているのだろう。すなわち，ドイツ人，フランス人，日本人は，産業，職業，企業，年齢などで選別された同一の

203

表 11-2 福祉国家・被福祉国家の類型

| 所得の再分配＼提供方法 | 福祉レベル高い | | 福祉レベル低い | |
|---|---|---|---|---|
| | 普遍的 | 選別的 | 普遍的 | 選別的 |
| 所得再分配政策が強い | スウェーデン ノルウェー デンマーク | オランダ ドイツ | | |
| 所得再配分政策が弱い | | イタリア フランス | カナダ イギリス オーストラリア | 日本 スイス アメリカ |

出所：橘木（2002）。

コミュニティに属する人たちの思いやり，連帯感を大切にするのに対して，北欧の人たちは国民全員が唯一のコミュニティに属していると判断し，国民全員の思いやり，連帯感を大切にしている，と解釈可能である。現にドイツ，フランス，日本は職業による福祉制度の乱立が見られるのに対して，北欧などではすべての国民に唯一の共通の制度しか用意されていない。

　共同体主義では制度によって福祉提供の質・量に差が生じるので，国民の間で所得格差が大きくなる。一方の普遍主義では，唯一の制度しかないので，格差は大きくならない。

　社会保障における共同体主義志向か，普遍主義志向かは，歴史の発展段階にも影響を受ける。ドイツとスウェーデンの社会保険制度も初期の頃は，ともに産業や職業別に組織された制度であった。その後スウェーデンは徐々に普遍主義の方向に転換していったが，ドイツにはそのような傾向はなく，共同体主義志向が保持されて現在に至っている。実は戦前のアメリカもドイツ流の社会保険制度の中

第11章 望ましい社会保障制度のあり方

にいたが，戦後になって経済が強くなると徐々に誰にも頼らない自立主義が強くなったのである。

表11-2はこれまで述べたことを基準にして，先進国をいくつかの基準で分類したものである。その基準は，福祉の水準の高低，所得再配分効果の強弱，哲学・倫理学の基準に応じて普遍主義か，選別主義かの3つである。合計8つのグループが存在しうるが，現実には5つのグループに分類できる。

個々の国がどこのグループに属するかは詳しく議論しないが，2つの両極端のグループをまず言及しておこう。すなわち，北欧諸国は普遍主義に立脚し，福祉レベルが高く，所得再分配効果が強いのに対して，日本，スイス，アメリカは共同体（選別）主義に立脚し，福祉レベルは低く，所得再配分効果が弱いのである。

一言だけ他のグループに関して述べておくと，オランダ・ドイツの中欧諸国，イタリア・フランスというラテン諸国，カナダ・オーストラリアというコモンウェルス（英連邦諸国）に分類される。

ここで筆者の好みを再述しておこう。それは自由主義・普遍主義に立脚した北欧流の福祉国家が好みであるが，日本では選別主義・共同体主義のドイツ・フランス流の福祉提供，あるいはアメリカ流の自立主義に立脚した非福祉国家を好む人が多数派である。国民の間で，これらの議論が盛んになって，わが国にふさわしい姿が定着してほしいものである。

205

# 参考文献

伊藤周平（2007）『介護保険を問いなおす』筑摩書房。

岩永理恵（2011）『生活保護は最低保護をどう構想したか——保護基準と実施要領の歴史分析』ミネルヴァ書房。

大沢真理（1986）『イギリス社会政策史——救貧法と福祉国家』東京大学出版会。

小川浩（2000）「貧困世帯の現状」『経済研究』第51巻第3号。

翁百合・西沢和彦・湯元健治（2012）『北欧モデル——何が政策イノベーションを生み出すのか』日本経済新聞出版社。

小塩隆士（2013）『社会保障の経済学（第4版）』日本評論社。

河口洋行（2012）『医療の経済学（第2版）』日本評論社。

企業年金連合会『企業年金のしくみ』連合会ホームページ。

駒村康平（2003）『年金はどうなる』岩波書店。

近藤幹生（2014）『保育とは何か』岩波書店。

サンドモ，A.（1998）「再分配と福祉国家の公共経済学」『季刊社会保障研究』夏号。

杉村宏（1997）「我が国における低所得・貧困問題」庄司洋子他編『貧困・不平等と社会福祉』有斐閣。

杉村宏・岡部卓・布川日佐史編（2008）『よくわかる公的扶助——低所得者支援と生活保護制度』ミネルヴァ書房。

橘木俊詔（2000）『セーフティネットの経済学』日本経済新聞社。

橘木俊詔（2002）『安心の経済学——ライフサイクルのリスクにどう対応するか』岩波書店。

橘木俊詔（2005a）『企業福祉の終焉』中公新書。

橘木俊詔（2005b）『消費税15％による年金改革』東洋経済新報社。

橘木俊詔（2010）『無縁社会の正体——血縁・地縁・社縁はいかに崩壊したか』PHP 研究所。

橘木俊詔（2015）『貧困大国ニッポンの課題』人文書院。

橘木俊詔（2016）『老老格差』青土社。

橘木俊詔（2017a）『家計の経済学』岩波書店。

橘木俊詔（2017b）『子ども格差の経済学』東洋経済新報社。

橘木俊詔（2018）『福祉と格差の思想史』ミネルヴァ書房。

橘木俊詔・浦川邦夫（2006）『日本の貧困研究』東京大学出版会。

橘木俊詔・髙松里江（2018）『幸福感の統計分析』岩波書店。

西沢和彦（2003）『年金大改革』日本経済新聞出版社。

八田達夫（1996）「所得税と支出税の収束」木下和夫編著『租税構造の理論と課題』東京経理協会。

ビスマルク三部作（1883, 84, 89）『医療保険』『労災保険』『年金保険』。

平岡公一（2011）『社会福祉学』有斐閣。

藤見純子・西野理子（2004）「親族と家族認知」渡辺秀樹・稲葉昭英・嶋崎尚子編『現代家族の変容』東京大学出版会。

三宅恵子（2009）『雇用保険のことならなんでもわかる本』日本実業出版社。

安岡匡也（2017）『経済学で考える社会保障制度』中央経済社。

山田篤裕（2012）「高齢期における所得格差と貧困——脆弱なセーフティネットと勤労所得への依存」橘木俊詔編著『福祉＋α　格差社会』ミネルヴァ書房。

労働政策研究・研修機構（2014）『失業保険の国際比較——デンマーク, フランス, ドイツ, スウェーデン』。


Arrow, K. F. (1963) "Uncartainty and The Welfare Economics of Medical Care," *American Economic Review*, vol. 53, pp. 941-973.

Beveridge Report (1942) *Social Insurance and Allied Services.*（日本で

の通称は『ベヴァリッジ報告書』).

Borch, K. (1981) "The Three Markets for Private Insurance," *Geneva Papers on Rick and Insurance,* vol. 28, pp. 28-49.

Diamond, P. A. (1977) "A Framework for Social Security Analysis," *Journal of Public Economics,* vol. 8, pp. 75-298.

Friedman, M. and R. (1962) *Capitalism and Freedom,* University of Chicago Press.（村井章子訳『資本主義と自由』日経BPクラシックス，2008年）.

Kaldor, N. (1955) *An Expenditure Tax,* Allen and Unwin.（時子山常三郎監訳『総合消費税』東洋経済新報社，1963年）.

Marchall, T. H. (1965) *Social Policy,* Hutchinson.

Modigliani, F. and Brumberg, R. (1954) "Utility Analysis and Consumption Function," in Kurihara, K. (ed.) *Post-Keynesian Economics,* Rutgers University Press.

Pauly, A. M. (1974) "Overinsurance and Provision of Insurance : The Roles of Moral Hazard and Adverse Selection," *Quarterly Journal of Economics,* vol. 88, pp. 44-62.

Rasmussen, J. (1995) *Universalism vs. Communitarianism Contemporary Debates in Ethics,* MIT press.（菊地理夫・山口晃・有賀誠訳『普遍主義対共同体主義』日本経済評論社，1998年）

Rawls, J. (1971) *A Theory of Justice,* Harvard University Press.（矢島鈞次監訳『正義論』紀伊国屋書店，1979年）

Walzer, M. (1983) *Spheres of Justice : A Defence of Pluralism and Equality,* Harvard University Press.

Webb, S. and B. (1897) *Industrial Democracy.*（高野岩三郎訳『産業民主制論』大原社会問題研究所，1923～27年）.

# 索　引

（＊は人名）

## あ　行

「アメ」と「ムチ」　22,183
＊アロー，ケネス　88
家制度　26
異世代（オーバーラッピング・ジェネレーション）　49
　　——モデル　50
医療　150
　　——給付　137
　　——制度　89,133
　　——扶助　6,148
　　——報酬　84
　　——保険制度　5,41,43,81,83,85,
　　88,89,92,94,149,186,197
インフォームド・コンセント　84
＊ヴィクセル，クヌート　24
＊ウェッブ，シドニー　38
＊ウェッブ，ベアトリス　38
＊ウォルツァー，マイケル　201,202
NHS（国民保健サービス）制度　12,
　　19,94
エンゲル係数　128
＊エンゲルス，フリードリヒ　20
オバマケア　43,197
＊オバマ，バラク　43,197
＊オリーン，ベルティル　24

## か　行

介護
　　——給付　105,109

　　——保険制度　5,6,31,40,99,104,
　　105,109,110,133,150
　　——保険料　108
格差社会　78
確定給付型年金　72,73,77
確定拠出型年金　72-74,77
火災保険　40,109
家族の絆　11
家父長制　26
＊カルドア，ニコラス　62
過労死　184
関東大震災　185
企業　5
　　——年金　78
　　——年金制度　69,70,72,76,78
　　——福祉　11
基礎年金　62,65
逆選択　42,43,86
救済金庫法　21
旧世代　57
救貧法　16,26
教育扶助　148
協会けんぽ　94,96,115
共済組合　115
共生社会　196
共同体主義　200-204
均一拠出・均一給付　18
金の卵　138
組合管掌健康保険　94,115
組合保険　95
血縁　196

211

現金支給　140

健康保険制度　6,40

後期高齢者医療制度　110

厚生年金制度　53,54,78

公的年金制度　47,48,51,58,61,62,
　64,77,150

高度成長期　30,138

坑夫金庫　21

高福祉・高負担　11,195

公務員共済年金制度　53

高齢者世帯　134

高齢単身者　135,136

国民皆保険制度　42,89,91,199

国民健康保険制度　89,90,96

国民健康保険法　29

国民年金制度　53

国民の幸福　3

国民扶助　18

国民保険法（イギリス）　22

個人内所得再分配型　51

国庫負担　95

＊後藤新平　28

子ども虐待　11

子ども手当（イギリス）　162

子ども手当（フランス）　164

子ども手当（家族手当）（NZ と AUS）
　162

子ども手当（児童手当）（日本）　156

コモンウェルス（英連邦諸国）　205

雇用保険財政　123

雇用保険制度（失業保険制度）　5,6,
　23,31,40,43,113,114,120,123,197

### さ　行

財源調達方式　47

財政赤字　41

最低限の幸福　3

最低限の消費　127

最低生活保障　140

最低賃金　151,152

再分配後所得　129

サラリーマン　29,75

三世代同居　10,25

GHQ（連合国軍最高司令官総司令部）
　147

自営業者　30

資産運用　52

支出税　62

自助努力　51,52,64,195

自然災害　185

失業給付　115,119,120,123

失業保険給付額　121

疾病保険制度　21

シティズンシップ（市民権）　155

私的医療保険　198

私的保障　6

自動車保険　109

児童手当（子ども手当）　19,31,122,
　165

慈悲　26

社縁　196

社会主義運動　20

社会扶助　18

社会保険制度　5,22,30,115

社会保険料　3,154

社会保障給付　129

社会保障制度　10,18,31,133,187,193

自由主義　18,202

恤救規則　27

出生率の低下　31

障害者雇用　188,189

障害者福祉　187

索　引

少子高齢化　55,108
少子高齢社会の到来　31
情報の非対称性　83,85
職員健康保険　29
職員向け年金・遺族年金（ドイツ）
　　23
殖産興業　27
女性の高学歴化　161
所得再分配政策　52
所得保障制度　36,113
自立　195,199
新救貧法　16
新自由主義　134,139
申請主義　146
新世代　57
身体障害者　187
*親鸞　26
スティグマ（恥辱）　146
スピーナムランド制　16,17
生活給　116,117
生活苦　156
生活の安定　3
生活保護基準（貧困ライン）　152
生活保護支給限度額　91
生活保護制度（生活扶助）　6,31,43,
　　127,140-142,149,155,197
正義の理論　201,203
正規労働者　138,183
精神障害者　188
税方式　47,51
生命保険　40,186
　　──制度　40
セーフティネット　35-37,115,185,
　　200
セクハラ　184,185
世代間不公平　57

世代間扶助型　51,52
船員保険　29
専業主婦　30,47
損害保険制度　40,109,186

　　　　た　行

第一号被保険者　105
待機児童　178
　　──ゼロ　176
退職金　69,70,78
第二号被保険者　105
多元主義理論　202
タダ乗り（フリーライド）　7,36,44,
　　50,197
*田中角栄　30
地縁　196
知的障害者　188
*チャーチル,ウィンストン　17
中福祉・中負担　12
積立型保険料方式　47,51
積立方式　59,60
定額支給制　53
帝国保険法（ドイツ）　23
低福祉・低負担　12,195
投資意欲　198
特別養護老人サービス　103
*トランプ,ドナルド　43

　　　　な　行

ナショナルミニマム　18,37-39
任意選択性　42
認可外保育園（無認可保育園）　174,
　　175
認可保育園　178
仁政　27
年金給付　52,57

213

年金財政　54
年金生活者支援給付金　64, 149
年金保険制度　5, 6, 133

## は　行

パートタイム労働　56, 152
バウチャー　172
博愛の精神　15
PACS（パクス）　164
派遣労働　56
働き過ぎ社会　185
パワハラ　184, 185
東日本大震災　186
＊ビスマルク，オットー・フォン　19,
　20, 22, 28, 183
ビスマルク三部作　20, 21
非正規労働者　138, 183
非法定福利厚生　11
比例報酬型　78
貧困　7, 30, 127
　——者　16, 139, 140, 137, 143, 148
　——率　130-132
　　絶対的——　130
　　相対的——　130
　——救済　19
　——線　39, 147
フードスタンプ　154
夫婦喧嘩　11
プーリング均衡　86, 87
フェビアン社会主義　38, 152
賦課型保険料方式　47, 51
不確実性　4, 6, 36, 53, 58
賦課方式　57, 59
福祉元年　10, 30
福祉財源　3, 5, 18
福祉の担い手　8, 9, 11

富国強兵　27
普遍主義　200-202, 204
＊ブランバーグ，リチャード　48
＊フリードマン，ミルトン　154
＊フリードマン，ローズ　154
ブルー・カラー　29
フルタイム　150
＊ベヴァリッジ，ウィリアム　17
『ベヴァリッジ報告書』　15, 17, 22, 39,
　162
ベーシックインカム　64, 155, 156
ベビーブーム　58, 161
報酬比例給付制　53
ポータビリティ問題　77, 78
北欧型福祉国家　12, 195, 199
保険市場　87
保険証　89
母子家庭　134-136, 138, 148
保守主義　18
補償賃金説　107
ホワイト・カラー　23, 29

## ま　行

＊マーシャル，T　38
マイオピック（近視眼）　50
マキシミン原理　201
＊マルクス，カール　20
ミーンズテスト（資産審査）　39,
　146, 147
未婚率　161
＊美濃部亮吉　30
＊ミュルダール，グンナー　24
無業者　47
＊武藤山治　28
メディケア　199
メディケイド　199

214

索　引

＊モディリアーニ，フランコ　　48

モラルハザード　　36,44,88,119,121,
155,197,198

**や・ら・わ行**

ヤング法律　　16

要介護　　105

　　──者　　101

幼保無償化　　178,180

401k 型企業年金　　74

ライフサイクル貯蓄仮説　　48

離婚数　　138

離婚率　　9

リストラ政策　　133

リバタリアニズム（自由至上主義）
134

レイオフ　　117,121

劣等処遇原則　　16

老後所得保障　　52

老後保障　　50

老人医療無料化策　　30

老親の遺棄　　11

老人保健法（日本）　　95

労働災害保険　　22

　　──制度　　5

労働条件　　138

労働保険制度　　114

労働力不足　　55,139

＊ロールズ，ジョン　　201-203

ワーキングプア　　150

ワークハウス　　16

若者　　152

215

《著者紹介》

橋木俊詔（たちばなき・としあき）

1943年　兵庫県生まれ。
1967年　小樽商科大学商学部卒業。
1969年　大阪大学大学院修士課程修了。
1973年　ジョンズ・ホプキンス大学大学院博士課程修了（Ph. D.）。
　　　　仏米英独での研究職・教育職を経て，京都大学教授，同志社大学教授，日本経済学会会長を歴任。
現　在　京都女子大学客員教授，京都大学名誉教授。
主　著　『格差社会』岩波書店，2006年。
　　　　『いま，働くということ』ミネルヴァ書房，2011年。
　　　　『格差社会』（福祉＋α）（編著）ミネルヴァ書房，2012年。
　　　　『労働経済学入門（新版）』（共著）有斐閣，2012年。
　　　　『変革の鍵としてのジェンダー』（共編著）ミネルヴァ書房，2015年。
　　　　『青春放浪から格差の経済学へ』ミネルヴァ書房，2016年。
　　　　『家計の経済学』岩波書店，2017年。
　　　　『福祉と格差の思想史』ミネルヴァ書房，2018年，ほか。

社会保障入門

2019年12月10日　初版第1刷発行　　　　　　　　　　〈検印省略〉

定価はカバーに
表示しています

著　　者　　橘　木　俊　詔
発　行　者　　杉　田　啓　三
印　刷　者　　坂　本　喜　杏

発行所　株式会社　ミネルヴァ書房
607-8494　京都市山科区日ノ岡堤谷町1
電話代表　（075）581-5191
振替口座　01020-0-8076

©橘木俊詔，2019　　　冨山房インターナショナル・藤沢製本

ISBN 978-4-623-08790-7
Printed in Japan

| 福祉と格差の思想史 | 四六判282頁 |
| 橘木俊詔 著 | 本体 2800円 |

| いま，働くということ | 四六判216頁 |
| 橘木俊詔 著 | 本体 2000円 |

| 青春放浪から格差の経済学へ | 四六判388頁 |
| 橘木俊詔 著 | 本体 3500円 |

| 現代女性の労働・結婚・子育て | Ａ５判304頁 |
| 橘木俊詔 編著 | 本体 3500円 |

| 社会保障改革への提言 | Ａ５判240頁 |
| 橘木俊詔・同志社大学ライフリスク研究センター 編 | 本体 3500円 |

| 変革の鍵としてのジェンダー | Ａ５判328頁 |
| 落合恵美子・橘木俊詔 編著 | 本体 5000円 |

──────── ミネルヴァ書房 ────────

http://www.minervashobo.co.jp/